同成社近現代史叢書⑩

近代知識人の西洋と日本

森口多里の世界

秋山真一

同成社

はじめに——森口多里のおもしろさ——

　近代日本において知識人と名の付く者たちはあるべき社会像をさまざまに構想していた。そして、構想するにあたってどうしてもくぐらなければならない深い森のような存在が西洋文明だった。戦前の知識人は誰もが西洋文明と対峙し、それとの格闘の中で自己の思想を構築していったのである。現在のように文化相対主義が当たり前のように論じられている時代にあっては想像できにくいかもしれないが、西洋とは近代日本人にとってあらゆる面で巨大な壁として存在していたのだった。そうした壁に向き合ったとき、取られがちな態度は二つあった。一つは西洋文明に身を浸し、日本を、特に過去の日本を迷妄と見て見向きもしなくなってしまおうとする態度。もう一つは、西洋を否定し、日本文化礼賛に閉じこもろうとする態度であった。

　しかし、対蹠的に見える二つの態度は、根は一つであったのではないだろうか。西洋への激しい憧憬にせよ、日本への回帰にせよ、強大な西洋文明を前にしてたじろぎ、身じろぎした果てのリフレクションとしてとられたものであった。ところが、本書で取りあげる森口多里は、それとは異なった位相での対峙の仕方を見せる。一言で言えば、そのどちらにもなりはしなかったのである。森口は、安易な西洋崇拝者とも偏狭なナショナリストともならなかった。西洋へのあこがれは強い方であった。幼少よりエキゾチックなものへの興味を持ち、やがて、それが東京へと向かわせる原動力となっている。留学の拠点はパリであり、留学中はフランス国内外をよく旅をしつつ西洋文化への理解を深めていった。しかし、そこで興味深いことは、その一方で、日本の伝統文化、とりわけ民俗文化への関心を増していったことである。それは、日本回帰とは全く位相を異にする次元での反応であり、言ってみれば、西洋文化と日本文化を等距離において見つめることのできるまなざしを獲得していったのである。

森口多里の肖像

林田春潮と共著の『日本美術史講話』掲載の写真（本書64頁参照）

もちろん、そのようなまなざしは、スムーズな成長の過程の中に——言ってみれば自然の裡に孕まれたものではなかった。森口自身、激しい西洋憧憬に身を焦がし、半身を西洋文明に浸した者だったのである。しかし、西洋文明化していく自己の中から湧き起こってくる疑問をどうしてもぬぐい去ることができなかったところから森口の思考は動き出す。湧き起こってきた問いとは「故郷」が持っている意味であった。西洋化、近代化していく中にあって名もなき人々が守り伝えてきたものに意味はないのか。それを自らの裡に問い続ける過程で西洋／日本文化への向き合い方を形作っていったのである。

その森口が太平洋戦争での敗北後、まず行ったのは歩くことであった。岩手の村々をとぼとぼ歩いては祭りや年中行事を調べてまわったのである。森口の親戚で写真撮影のために同行することの多かった郡司直衛氏は次のように述べている。

小正月のときなんか、事前に連絡をとっていない家でも、ここを見ていこうと入っていって見せてもらうんです。初めて会う人にも警戒心を懐かせなかったように思います。そこは、本当に不思議なところでした。

（郡司氏より直接聞き取り）

岩手県の小正月の飾り付けはとりわけ美しい。「餅花」などと呼ばれるこの行事は、枝振りのよい木を切ってきて小枝に餅をさし、その年の豊作を願う予祝の行事である。森口一行は、思い思いの飾りつけが施されている餅花を雪道を踏み分けてはぶらっと入っていき、見せてもらっていたのであった。やがて、その力は特に民俗芸能方面に発揮されていく。郡司氏は、森口を「耳の人」と評しているが、一、二度聞いたリズムを彼は正確に記憶することができたという。『岩手県民俗芸能誌』として結実したその成果は頁をくる者を圧倒せずにはおかない。

その手練れの現地調査ぶりは、長い間の修練を思わせる。しかし、地を這うような調査は第二次大戦末期、東京の桜上水から黒沢尻町（現北上市）に疎開してから、特に敗戦後になってから始められたものだった。直接的な契機としては、それまでためてきた西洋美術に関する資料が空襲によって焼かれてしまったことだった。戦前の仕事の蓄積を失ったとき、後半生を賭ける仕事として民俗芸能が浮かび上がってきたのである。

敗北に打ちひしがれ、「日本」文化への誇りが失われがちな中、小さな村々への訪れを再出発の第一歩として選択した森口は、民俗文化の持っている力について牢固とした確信を持っていたと言って良いであろう。

もとより、知識人の端くれである森口は、戦前において西洋文化の息吹をいやと言うほど浴びていた。しかも明治二十五年生まれの森口は日露戦争後の明治末期に早稲田大学に入学し、大学生活を送っており、国家の独立を所与のものとして考えることのできる世代に属していたのである。言い換えれば国家を存立発展せしめる文明よりも柔らかい文化にひたることが許された者だったのである。大正初期に創作・評論作品を発表するようになるが、活動舞台は同期である日夏耿之助らの『仮面』や師である島村抱月との関係から『早稲田文学』であった。早稲田大学文学部英文学科に所属している者としてふさわしい活動である。

ところが、そうした学科の枠は最初からほとんど意識されていないか無視された。早稲田文学での森口の活動は美術評論を柱としたものだったし、やがて佐藤功一の影響により建築方面にも目を向けるようになっていく。美術評論や装飾研究をベースに様々な方面への関心を見せているのである。森口は当時の早稲田大学での学習環境にも支えられてジャンルの枠を越境し、文化をまるごと見ていこうとする精神を早くから獲得していた。抱月達は特定のイデオロギーに依拠して図式的に評するのではなく、対象に正面から向き合う中で自分の心に響いたものだけを表現しなさいと教えており、森口はその教えを忠実に守ったのである。旺盛な批評活動は『異端の画家』『美を味はふ心』『近代美術史論』といった作品に結実していく。評論での問題意識は西洋美術の流入に対し、日本美術はどのように存立していくべきかを柱としていた。建築方面においても『文化住宅の研究』といった仕事や建築雑誌の編集を通じて都市に住む日本人の住むべき住環境について思いをめぐらしていたのである。

しかし、西洋文化に浸っている自己に安住の地を見出さなかったところに森口らしさが生まれる萌芽があったように思われる。姿を整えつつある帝都東京での刺激の強い文化を心地よいと感じている自己を発見したとき、逆に置き去りにしてきたものの存在が気にかかるようになっていったのである。それは、郷里である水沢にも広がっている民俗世界であった。近代的都市文化を前にして営々と営まれ続けてきた民俗文化とは無意味なものなのか。先達者である佐々木喜善との交流の中で少しずつ郷里のことを調べ始めながらその答えが求められていく。調べていく中で特に関心がもたれたのは昔話である。それはやがて『黄金の馬』へとまとめられるに至るが民俗文化の意味についてはもやもやな状態が続いていたように思われる。それでも収集の過程で解ったことは民俗文化は都市文化を再活性化させるのに役立つというものだった。ややもすれば生気を枯渇しがちな都市に生きる者たちに対して郷里の歌や物語は彼らを揺さぶる効用があるとされたのである。

本当に民俗文化があり続けていくことについて自信を持ったのは西洋留学体験を通じてである。近代世界の中で強靭にあり続けている民俗世界を目の当たりにしたとき、生き生きとした生活を支えているものとしての民俗文化が浮かび上がってきたのである。そして、ヨーロッパ文化を基底で支えているロマネスク文化に強く心惹かれるようになっていく。帰国後、ようやく大衆が社会の前面に出てきたことを確認した森口は新たな次元での活動を行っていく。そして、時代と向き合う中、民俗文化の瑞々しさに改めて触れることとなるのである。

本書では、西洋文化と日本文化の間に立って両者を等間隔に置いて見つめることのできるまなざしを森口がどのように獲得し得たのか問題にする。特に、大正から昭和初期という時代にあってどうしてそれが可能であったのかを考えていきたい。近代という時空間は西洋との対峙を必然としていた。そうした異文化と接触したとき、安易な相克や同化の道ではなく共生の道を選び取ることは困難な事だったに違いない。ともすれば不安に耐えきれず、理想化した他者に依存するか、自己の殻の中に閉じこもりがちだったからである。そうした中にあって、両者の間に立って平衡を保ち続けた精神のありかを少しでも明らかなものとしたい。異文化と向き合う作法は現在でも大きな問題であり、その向き合い方を近代の長いスパンの中で問い返すことは必要であると考えるからである。そして、同時に、近代化の中で民俗文化の意味を問うた森口の思考を追体験する中で改めて民俗文化の持つ可能性を考えていこうとするものである。

目　次

近代知識人の西洋と日本

――森口多里の世界――

第一章　社会的環境としての水沢

明治中期・水沢の町

水沢は、ぽっかりとした町である。町は、なだらかな平地の上に立っており、遠くに山々を見渡すことができる。町の中を一本の街道が南北を貫いており、道の両側に商家が軒を連ねているというたたずまいである。そうした水沢の町に森口は明治二十五年（一八八二）に生まれた。町の風景が人間の精神に及ぼす影響について森口は後年、「平野の町に育った者は山国に育った者に較べて思想が自由のようである。故郷に執着する心も割合薄く、機会があれば故郷をあとにしてどこまでも出かけることに、寧ろ興味を持っている。」（『新訂増補　町の民俗』）と語っている。

伸びやかでくったくのない人間を育てるということであろうか。そうした水沢の町にも維新政府成立後、近代が押し寄せてくることになる。そして、森口が物心つく明治三十年前後には役場・警察署・小学校といった「近代的装置」はもうすっかり置かれ、スムーズに動き出していたのである。たとえば、警察署は、

明治30年頃の水沢町役場（『水沢町誌』より）

明治八年には早くも町の東側にある長光寺の南側に洋風木造建築という形で姿を現していた。さらに、老朽化の進んだ明治二十二年には町の北側に新築がなされている。同様に郵便局も明治二十八年、移転に伴って瑞々しい姿を現し、昔ながらの商家の町並みにあって「西洋」を感じさせる建物として街の風景に彩りを添えていたのである。もちろん小学校も最初に置かれた明治六年には郷学校を使用していたものの、いくたびかの変遷を経た明治二十八年には「本町出身にして永く東京浅草小学校に教員たる吉田廣人を聘して校長となし、小学校建築の設計を文部省に委託」した新校舎が造られていた（『水沢町誌』）。徐々に新しい時代はそれに相応しい建築物を伴って人々の前に姿を現しつつあったのである。

しかし、幼少の森口にとっては当然のことながら明治国家が新国家建設のために、いわば制度として置いた諸施設については、小学校を除いては興味関心が持たれるはずもなかった。それよりも個人が建てた洋館に興味があったようである。森口の回想によれば、森口の幼少の頃、家がある大町には「洋館まがいの町屋」が二軒あり、「四注造りらしい屋根と特に白壁塗にした二階の洋風の窓」を町並みにさらしていた。一軒は梅林堂という菓子屋であったが、もう一軒は次のような由来を持つものであった。

水沢地方の米穀は石巻の三井組の出張店が在方から買い集め、北上川の西岸のアトロ井から船で石巻に下げたのであった。母の十四、五歳の時分三井組の番頭か何かに手塚というのが居て、この手塚の手下の岸野という人が、問題の洋風町屋を建てたのであった。つまりこの二軒の町屋が、真っ先に町内に新しい文明開化の空気を具体化して見せたのであった。（前掲『町の民俗』）

ここには新しい時代の息吹がどのようにもたらされたが述べられている。国家を通じての文明の光とは別に、石巻を起点とする北上川河川交通を通じて、さまざまな人やモノがもたらされていたのである。水沢にとってこの流通ルートが重要であったかは、水沢に「わしとお前は石巻……」との言葉があったことからも推測される。しかし、森口の幼少期は時代の折れ曲がりでもあった。命綱のように語られていた石巻はやがて「石巻は腰巻にもおとる」とおとしめられるようになってしまう。その原因は、言うまでもなく水沢駅の開業にあった。町の東南に作られた駅は明治二十三年に業務を始めており、水上交通は鉄道交通に徐々に取って代わられることとなるのである。それでも河川交通は人々の生活からはすぐになくなりはしなかった。森口も一関中学時代、帰省のための交通手段として船を使用したりしている。近代の進展によって没落する存在のあることを、やがて森口は知ることとなる。

しかし、近代による没落という概念的なことを知らずとも、今までにあったことと新しく起こってきたことがうまく折り合いのつかない場合のあることは肌で感じていたようである。水沢には町の西側にハリストス教会があった。明治初年より活動はみられるようであるが、明治十三年には留守氏が一家そろってロシア正教の信者となったために隆盛を誇るようになり、会堂も新築されている。しかし、その時期がピークであったようで、その後は衰退に向かっており、昭和初期には六十数名の信者となっている（『水沢町誌』）。森口がみたのは何歳の時かわからないが、事はハリストス教会が墓地を持たなかったことに端を発する。そのため、死者は長光寺に葬られていたようであるが、その葬列をみて寺の者が門を閉ざしてしまったことがあったというのである。その後、どうなったかはわからないとしながらも少年時代の森口に強烈な印象を与えたのであった。

このように、主役の交代があったり、伝統と近代の相克もあったりしながらも、水沢の町は近代の町としての相貌を少しずつ獲得しつつあった。しかしながら、目に見えない部分ではなかなか過去は強靱であったのである。

民俗都市としての水沢

昔ながらの町は、多くの陰を抱えていた。幼少の森口は、二階から干されている布団を打つ音を聞いてもなにか空恐ろしいものを感じたと述べている。

その森口は、明治二十五年七月八日に水沢町大町で金物商を営む父森口伊三郎と母カネヨの次男として生を受けている。母は同じ水沢町で旅館を営んでいた岩井屋の娘であった。両親が水沢町の出身であった森口は、遠く離れた母の郷里に帰るということはなく、夏にしばらく花巻温泉に行くぐらいで、ほとんどを町の中で過ごしていたことになる。言ってみれば、「町の人」ということになろうが、そのことは本人も自覚しており、後年、「わたしは町育ちのためか、野草をつんで食べることをしらなかった」と述べたりしている（前掲『民俗の四季』）。確かに森口の活動半径は狭く、平地である水沢の町と、町の西側から南側にかけて広がるいくつかの森と、やがて北上川にあたる町の東側の空間こそが彼の生きている生活空間であり、小宇宙とでも言えるような世界に身を置いていたのである。

さて、その小宇宙の中において活発な森口の活動がなされたのであるが、幼少期の森口の特徴といえば、母親の影響が非常に強いことがあげられる。文久二年（一八六二）生まれのカネヨはさまざまな語りをしてくれる存在であり、森口が町を見る眼を形成するにあたって大きな役割を果たしたのである。そのカネヨは、大変信心深かった。森口は「家来神」の存在を聞いている。「家来神」とは、生まれ年の十二支によってそれぞれが持つ守護神のようなもので、辰年生まれの森口の家来神は「お普賢さん」であった。そして、寝るときに呪文を唱えれば、一晩中守ってくれる存在であるとされていたのである。森口は物心ついた時から、霊的存在と親和的な関係の中で育てられていったと言えよう（前掲『町の民俗』）。

これに対して、父親の存在は限りなく薄いが、それもそのはずで父親は五歳の時に亡くなっている。そのことについて森口は母親から不思議な話を聞いている。父親の死には前兆があったというのである。

冬の日の真昼、母がこのオイナリサンに参詣するために坂道を登って行ったところ、冬枯れの林を背にして小さく立つお堂の近く、積もって固まった雪の上に、赤狐が一匹、まるで母を待ち設けていたかのように、ちゃんと坐っているのが見られたという。それは父の前兆であった、とこう母はかたく信じてわたしに語るのであった。

（『黄金の馬』）

文中にこのお稲荷さんとあるのは当時「町の南郊の、国道の西側に沿うた丘陵地にスエ」と呼ばれている所があり、そこから「スエのオイナリサン」と呼ばれていた小祠であった。その祠はよく知られていたらしく、町の人たちにはおなじみの場所であったとされている。そこに坐っていた狐の所作を一つのメッセージとして森口の母は受け取ったのである。父親は五歳の時に亡くなったとあるから、この話は少なくとも明治三十年以降の話である。なぜ狐が坐っていたのを死の前兆と受け取ったかは不明であるが、明治中期を過ぎても水沢では小さな神からのメッセージを受け取る感受性が人間の身体の中に生きていたのである。ちなみに森口多里の本名は多利であるが、それも呪的な意味からつけられたものであった。森口が父親の厄年に生まれたために特別な意味を持つものとして、多利の名が選ばれたというのである。そうした名前を持つ森口は自分の名前の由来と重ね合わせつつ、母の話をとてもリアルなものとして受け取ったのではないだろうか。それにしても、町の人を見守っていたのは「スエのオイナリサン」だけではなかった。町の至る所に小さな神々が存在し、その中で人々は生きていたのである。夏ともなれば、次から次へと小さな祠にまつわる祭りがなされ、町を活気づけるのに一役買っていた。そのことは、森口の母が特異な存在ではなく、町の多くの人たちが同じような世界に身を置いていたことを示すものかもしれない。つまり、役場や郵便局を中心とした近代的世界と並行して、人々の生活には民俗的世界が息づいていたのである。いまだ世界はのっぺりとした空間に覆われてはいなかった。特別な意味を持った場所があちこちにあって、それらに囲まれている、そんな空間としてあったのである。

特別な意味を持った場所とは、特定の家にだけにしか意味を持たないパーソナルな場所もあったであろうが、多くの者たちに共通にもたれている場所もあった。森口があげているのは長光寺の向こう側に広がる水田の中に取り残されていた「アゼに接して一カ所、直径一メートルほどの丸い草地」についてである。そこは、雷の落ちた場所だと語り伝えられていて水田にされることなく残されていたのであった。森口が、そこを通るときにはきっと雷が杉の古木に落ちた後に「ミノを着た異様な者が鋭い爪を太い幹に立ててしきりにのぼろうとしていたそうだと母が語った」(前掲『民俗の四季』) ことを思い出したとある。語り伝えられているうちに人々の知識の中にある雷様の姿が付け加わり話ができあがっていく。そもそも長光寺自体が伝説を持つ寺であった。江戸時代末期、境内にある古木がザイゴンザイゴンと鳴りだしたことがあって、その後に安政の大地震が起こったことから地震を予兆したものとして語り伝えられていたのである。

そうした場所は、いくつもあったであろうが、幼少のものとしては留守家の嫁の話があった。蓑虫山人が設計したとされる水沢公園の中には留守家の嫁の墓があり、そうと知りつつその上で子供たちは遊んでいたが、それは物語をまとった場所であった。留守家の嫁は都から来たとされており、堆肥の臭いで死んでしまったと語り伝えられていたのである。このように神々や異形の者、伝説上の人物など多くの記憶を持つ場に囲まれつつ、森口は幼年期から少年期を過ごしていったのであった。

こうした心性は明治政府の目指す文明への道とは異なる次元にあるものだった。暦一つをとってみても人々は旧暦を大事なものとしてなかなか手放そうとはしなかったらしい。昭和四年に発行された『水沢町誌』でも依然として旧暦に基づいて人々の暮らしがなされていることに対して、執筆者はいまいましげに「頑迷固陋」と言い放っている。まして、文明の道からはあってはならないものも特別な場には存在した。水沢町の人々の氏神は、町の西方にある日高神社であるが、そこにはドヒョウジンと呼ばれるものがいくつも屹立し、子供たちの遊び場ともなっていたというのである。

わたしの少年時代には日高神社境内の杉林のなかに実に多くの石のドヒョウジン（道祖神の訛言、男根の形の工作品）があった。それはまさに簇生といいたいほどであった。木で長く作って赤く塗ったものは物置小屋に立てかけてあった。（『水沢市史　民俗編』）

ドヒョウジンのようなモノは、近代的倫理観からは、けがらわしいものとして排撃されるべき存在に他ならなかった。近代的世界にあっては、性的なものは覆い隠されなければならなかったからである。しかし、水沢ではドヒョウジンの奉納は明治になっても、いっこうに減ることがなく行われ続けたのであった。

このような民俗的心性のありようは、人々の気持ちが立ち上れば新しい神を認める事があり得たことにもうかがえる。杉の戸と呼ばれる土地で北上河畔の低地に降りようとする崖の下には湧水があった（『民俗の四季』）が、これを弘法大師と結びつけたものがあったというのである。森口も「わたしどもは子供心にも湧泉に何か神聖なものを感じていた」という。これは、ハヤリ神と言ってよいであろう。それは、やがて廃れてしまったというが、不思議な存在を新たな神として認めてしまう心性を、水沢の人々はまだ持っていたのである。このことは、近代になっても新しい民俗が生み出されることがあり得ることを意味していた。事実、水沢県令が廃仏毀釈の一環として「公園の石彫の狛犬を土中に埋めたので、その祟りで小参事の妻が眼病にかかり、掘出して元通りに社前に据えたところ眼病も快癒した」という話がまことしやかに語られていたようなのである（『町の民俗』）。「小参事の妻」が病にかかった事が事実であるとするならば、維新政府の政策を理不尽と感じる人々の心性を、神の怒りによる復讐という語りに結実させていったと言えるかもしれない。それは、江戸時代までの「伝説」の作られ方と同じであったと言ってよいであろう。文明の論理に人々は簡単に説得をされたりはしなかったのである。言い換えれば、そのことは神秘なり怪異なりといった「異次元」の力が、リアルなものとして深く人々の心をとらえていたことに他ならない。森口は、梨畑という町はずれで大人たちと月の出を待っていた思い出を語っている。

刻が来て雲のない東の空にあらわれた月は、――中空にぽっかりと浮かんだ月は、細長い三本の火がならんでいるような形で、その印象を、わたしははっきりと記憶している。これは阿弥陀三尊のお姿だと聞かされたのは、多分少し年を重ねてからであったかと思う。（『黄金の馬』）

このような圧倒的な姿を見せられたとき、人々は明治国家の提示する世界像より確かなものを感じたであろう。そして、そうした「異次元」の姿は、時には町の中心部でも感じられることがあった。代表的なのは盆の夜である。

一抱えもある薪を各戸で店の前の街上に焚くのが水沢町の盆火であったから、それが大通りを貫いて夜空を焦がし、店々を照らして極めて壮観であった。私の家は金物屋であったから、空の釘樽に長い板キレの類を詰めたものを燃やした。（『町の民俗』）

文明の光である電気が水沢に点ったのは大正初年であった。それ故、明治期においては背景に広がる夜の闇を前にして、民俗的世界を十分すぎるほど感じることがまだできたのである。そして、それを支えていたのが幼少の頃から折に触れて祭りに参加させられていたことであった。森口も日高神社の日除祭りの時に「鼻柱に白粉をつけて」屋台に立って太鼓を叩かせられたことをはじめ、いろいろと参加させられていたのである（『町の民俗』）。まさしく幼少の頃からの積み上げが、国家の提示する世界像に匹敵するような世界を構築せしめていったと言ってよいのではないではないだろうか。

しかし、そのような豊かな世界像を持つ小宇宙であっても、決してユートピアではあり得なかった。そうであるばかりか、水沢で行われるさまざまな祭りは人々に降りかかってくる災いや苦しみを振り払わんとするものが多かったのである。そうしたとき、彼方に楽園の存在することを人々は夢想しなかったであろうか。そうした声は幼い森口にも届いていた。

わたしは幼時、東山の向こう側では女の人はふだんでも絹のきものを着ているそうだと聞かされたのをおぼえている。水沢の東の空を限る北上山系の緑のつらなりをヒガシヤマとよんでいて、そのかなたにどんな里のあるのかと、幼いわたしの空想はぼんやりと誘われたものだ。

（「ねこぶちさま」『民俗の四季』）

この異郷幻想は養蚕地域の盛んな地域を理想視して形成されたもので、森口は伝説というほどではなく噂話といった方が適切であると回想している。それならばなおのこと明治の人が抱いた狭い世界を超えた向こう側へのあこがれを、切実を表現していると言ってよいのではないだろうか。そうした心性は、よりよい生活をもたらしてくれるのであれば「近代」をたやすく受け入れるであろう。それは、町の風景とは別の次元での近代の受容であり、それが子供の世界にはどのように舞い降りてきたのかが問題となってくる。

近代の舞い降り方

東北地方の人々にとって、維新とはまったき明るさとして思い返されるものではなかった。言うまでもなく維新の敗者であったからである。森口は、母親から会津藩の人々が国替えで南部に行くときに立ち寄った話を聞いている。その中には九十六歳の老婆が混ざっており、「馬の背に仕掛けた炬燵櫓の中に置物のように入れられて」運ばれていったというのである。

しかし、この話はわびしい話では終わっていない。この事態にあっても民俗的思考が働き続けている。水沢の人たちの中には、その老婆が水沢に宿泊した時に使用した布団のキレを使用すれば長生きするとて宿屋に懇望する者があったというのである（『黄金の馬』）。

こうした人々にあっては生活の底から変化したときにこそ、世の中が変わったと認識されていたのかもしれない。その代表が味覚である。砂糖を初めて森口の母が口にしたのは明治十一年、高野医院（高野長英の子孫）の結婚式の時の振る舞いとして出た砂糖の入った小豆餅だった。小豆餅といえば塩で味付けするとばかり思っていた人々には驚きであり、町の評判になったというのである。砂糖を食べた幸せ感は相当なものであったらしく、当時、甘いものの代表であったマクワウリを食べるときも、砂糖をまぶして食べているものが敗戦直前の昭和十九年にもいたことを森口は紹介している（『町の民俗』）。そして、おいしいものを食べたものの不可逆性は、昭和恐慌の折も砂糖の消費量は決して減らなかったのではないかとの観測にもつながっているのである。

また、変化が明確な形をとって現れたのがちゃぶ台の出現であった。森口の記憶ではすでに幼いときには、「家族の食事はもう漆塗りの円形のハンダイ（ちゃぶ台のこと―筆者注）を用いていた」（「箱ぜん」『民俗の四季』）ということである。これに対して店で働いていた奉公人は箱膳を使用していたとあり、ちゃぶ台とは家族とそれ以外を分かつ、まさしく家庭の団らんの象徴として生活の中に入り込んできたことがわかる。後年、森口はちゃぶ台の普及は非常に大きな意味を持っていたと考えていた。ちゃぶ台の出現によって箱膳と共にあった個人の自律の気風が失われたのではないかと回想しているからである。自分の食器をきちんと管理することから始まって、食事の時に決められていた所作がことごとく失われていった端緒がちゃぶ台の出現ではなかったとしていたのであった（『町の民俗』）。この観測がどこまで当たっているかは別としてやはり明治は、人々の生活の調子を徐々に変えていったと言ってよいのではないだろうか。加えて言うならば、先ほど森口はちゃぶ台の出現が個人の喪失につながっていったのではないかと述べていたが、明治に入って別の局面では個人が浮き出てきた部分もあった。明治三十年代、森口はすでにお小遣いをもらっていた。それは、「大抵五厘銅貨一枚であった」が、すでに少年期において資本主義の渦巻く世界とつながり始めてもいたのであった。

しかし、森口が近代の訪れに関して、もっとも力を入れて語っているのは服装、もっといえば「羅紗のマントウ」の出現についてである。明治三十年代には「そろそろ防寒衣が中産階級の少年の間にひろまりかけて」いた。しかし、森口はそれを買ってもらえず、従来のヒキマシと呼ばれる防寒衣をつけて学校に通わされたのである。北上川の岸辺に級友と遊びに行ったとき、一人だけヒキマシであった悲しさ、恥ずかしさ、引けめは格別であったようであり、そのことはさまざまなところで繰り返し語っていることからもうかがえる。まさしく、「マントウ」は、あこがれとしての近代の象徴であったと言えよう。成長していく子供たちにとって新しい文化がもたらす、今まで見たことのない品々は新しい時代とつながるために必須のものととらえられていたのであった。

しかし、もっと強く新しい時代とのつながりを感じさせるものがあった。それは雑誌であった。時事新報社から出ていた『少年』の「グラビア」を見たときの驚きは次のように語られている。

それは丁度遠い遠い都会から遙る遙ると極く僅かばかり送られた異国的な香気であった。悉くのページが光沢紙で、それに洋風の蔭影をつけたカットの絵が凸判でなく写真銅板で刷られていたが、かういふのは博文館の『少年世界』にも金港堂の『少年界』にも會て見られなかったものだ。おまけに巻頭の二枚折の口絵は珍しくも油絵の色刷複製で、海浜の波打際に鍔のひろい麦藁帽をかぶった浴衣着の人物の立ってゐる姿を描いたものであった。かういふ色調の豊かで明るい油絵を二頁大の口絵にして少年に清新な美感を鼓吹することも、それまでの他の少年雑誌には見られなかったことである。この油絵の作者は岡田三郎助であった。

（「岡田三郎助」『明治大正の洋画』）

雑誌が、田舎の町の少年と中央を結びつける触媒の役割を果たしたことがよくわかる。『少年』のすばらしさを語るために『少年世界』や『少年界』を比較の対象としていることから森口は複数の雑誌を購読していたかもしれない。岡田はコランに師事し、明るい色調で情感豊かな人物画を描いた画家として知られている。その表現する世界は田舎の少年が今までに目にしたことのない鮮やかな色調で彩られており、文字通り息を飲んだにちがいない。水沢という小宇宙には決してあり得ない極彩色の世界を知ったとき、それまで生活してきた世界はくすんでしまったかもしれない。

しかし、彼は自分が何者になるかはまだ決めていなかった。高等小学校を卒業すると一関中学校に入学するのである。

一関中学時代

明治三十八年、森口は一関中学校に入学する。当時、岩手県には中学は四校しかなかったため、最も近い同校に進学を決めたのである。水沢の家も出て、一関に下宿しての学生生活であった。それから五年間、森口は中学校に通ったのであるが、民俗と近代という観点からは語ることはほとんどない。ただ、その後を考えるに当たって重要なのは、時局に対するスタンスがどのようなものだったかである。中学生と言えば、政治意識も芽生えてくる頃でもあり、何よりも明治三十七、三十八年とは日露戦争の行われた年だったのである。日露戦争に出征していた体操教師が復校した時のあいさつについては次のように述べている。

古参少尉殿は壇上で、何か弁じたあとで、日露講和の帝国外交を非難し、しまいに片手をあげ、声を高め、「諸君は将来こんな外交をやってはなりませんぞ」と叱咤した。

こう叱咤されても、わたしどもは別に悲憤慷慨する気持にもならなかったが、東京では、砲弾の補給もつかなくなっていた日本陸軍の窮状を一向知らない民衆は、悲憤慷慨の極、街上で暴徒化したそうである。知らぬは仏ではなく、知らぬは暴徒である。

体操教師はいつも軍服であった。生徒はそのサムライ的風貌の故に陰ではダンポとよんでいた。

（『黄金の馬』）

第二次大戦後の回想なので、どこまで信頼できるか難しいところもあるが、さしあたって当時の雰囲気は伝わってくるかもしれない。文中、ダンポとあるのは武士もしくは旧武士を渾名で呼んだものであり、『黄金の馬』の中では基本的に馬鹿にされる存在として登場してくる。ここから言えるのは、森口が政治青年ではなかったことである。日露戦争で世の中が沸き立っているときも一歩引いてその行く末を見つめていたのである。だからといって森口が周囲の者たちとのつきあいがなかったと考えるのは誤りである。折に触れて級友たちと「菓子屋の二階で会合を催」し、意見を戦いあわせていたのである。一回の会合の参加費は五厘だったということである。しかし、森口の関心は政治的動向よりも別の所にあった。自分の進路を美術方面に絞ろうとしていたのである。「藤島武二や浅井忠の図案の感化で、できるなら図案家になりたいと思う」ようになっていったのである（「梶田恵の思い出」『梶田恵回顧展』）。その思いは学校の美術教育や周囲の者たちとの語らいの中から醸成されてきたものであった。しかし、その希望は父の死後、店を引き継いで家を守っていた兄から「ただ美術の学校などはいけない」との理由で拒絶されてしまう。そして、妥協の産物として「文科」への進学が認められる。早稲田大学に決定した経緯は次のようである。

今更高等学校の入学準備をするのも遅いし、おっくうでもあったから、毎月読んでいる「早稲田文学」の本家本元の早稲田大学文学部の英文科にはいった。

（「梶田恵の思い出」）

上京した森口は、二級上の先輩である梶田恵のところへ転がり込み、東京での生活が始まることとなった。場所は本郷真砂町の町裏、素人下宿屋の二階であった。

第二章　『仮面』時代

早稲田大学英文科第二部

早稲田大学英文科に入学した森口は、英文科在籍の生徒として学生生活を送り、やがて無事卒業に至っている。ところが、やがて彼の名前で出版されることになる『ローマネスクの文化と建築』の謝辞では次のように述べられていたのである。

誤謬が訂正され、足らない所が補われて兎も角も纏ったものとすることの出来たのは、ひとへに伊東忠太、佐藤功一両先生のお影であった。両先生のお指導に対しては深く感謝しなければならぬ。また今和次郎君は種々の点で助力をして下すった。

伊東忠太や佐藤功一と言えば建築科を中心となって支えた二人である。今は佐藤によってその才能を見いだされ、当時、早稲田で講師をするようになっていた。それが英文科所属であった森口によって指導に対する恩が語られているのである。なぜ、英文科出身である森口が建築科の三人に対して恩を述べていたのか。これについては、当時の早稲田大学が行っていた実験が語られなくてはならない。

明治三十五年、東京専門学校の教室に電灯が灯った。漸く電化がなされたのである。同じ年の六月十六日には早稲田大学として認可もされた。「英文学科」という専攻学科が文学部に初めて置かれたのはすこし遅く、明治三十七年になってからのことである。当時の英文学科の考え方は、英文学に凝り固まることなく、英語を通して幅広く外国文学を学んでもらおうとの教育方針を共有していたようである。その考え方は森口たちが入学する頃にはより進んだものとなっていた。欧米留学より帰朝して間もない島村抱月の提唱により、英文科が第一部と第二部に分けられるようになっていたのである。第一部はそれまで通りであるが、第二部二十名は、「英作文や教育論などの実用時間を免除してさまざまな講義を自由に選択させる」というものであった。つまり、必履修科目を最低限とし後は自由に自分の勉強をしていてよいとのカリキュラムであったのである。また、講義内容もヨーロッパの文学にとどまらず、芸術全般に広がっていく傾向にあった。その中で抱月は西洋美術研究を講じ、そしてそれが一番人気であったようである。このような変則的な分け方をしたのは、創作家や評論家を養成するために負担を軽くして、才能を伸ばさせようとする意図があったと言われれている。

ところで、このような分類を学生の方はどのように受け取っていたのであろうか。森口と同じく明治四十二年に入学した日夏耿之助は次のように述べている。

わたくしは中等教員などになるつもりで早稲田へ入ったのでないから、勿論そんな免状は見向きもしなかった。一クラス四十人許りが二手に分れて、免状の要るAクラスと要らないBクラスとで、剰へ序でに学校に談判して要らぬ（と考へた）時間を更に半分近く減らしてしまった。

（「私の受けてきた教育」『日夏耿之助文集』）

教員免状を手にするかしないかが二クラスの違いのメルクマールとされている。このことは象徴的であると言ってよいであろう。教員免許状を手にするということは社会有為のものとなることを意味し、それを求めないというのは社会よりもとりあえず自分の好きなことを優先する、いわば「高等遊民」の系譜に連なることを意味していたからである。そして、多くの者たちはこの〝特権〟を大いに活用したようである。彼らはほとんど大学の講義に出ることなく、自分の趣味に没頭したのである。日夏の場合、最初から講義に出るつもりがなかったわけではなく、出て見はしたものの魂を揺るがされるような講義に巡りあえず、頼みの島村抱月も松井須磨子問題であまり充実した講義を行い得ず、そのうちに講義には出なくなってしまったとの経緯をたどった果てのことだったのである。後日譚を述べるならば、英文科のこの試みは数年で挫折する。勉強をしない者たちのたまり場となり、初期の構想とは全くかけ離れた存在になりはててしまったからである。世は大戦景気に入りつつあり、社会的有為の地位に就こうとする者、特に経済的成功を求める者たちが多くなっていく時世であった。

『仮面』の射程

『仮面』の中心人物は言うまでもなく日夏耿之介である。その日夏は象徴主義詩人として位置づけられている。象徴主義とは島村抱月によれば「目に見える卑近なる物体に依って何等かの目に見えないものを暗示するといふ文藝」であった。しかし、それが単なるアレゴリーと異なるのは「形式と内容がぴったり相合して」おり、「形式はやがて内容を意味し内容は直ちに外形に現はれる」点にあるとされている。さらに、島村は象徴主義が出現した背景を十九世紀の複雑化していく社会に求めている。すなわち、「人生観世界観」を散文的に説明するのが困難となって来たとき「人生観世界観が刹那々々に生むところの情緒ただこの情緒の匂若しくは味を伝える」必要が生じてきたというのである（『芸術講話』）。ここで言われているのは象徴主義も時代と向き合う中で出現してきたということである。それならば日夏の象徴主義はどのような状況の中で生み出されてきたのであろうか。

大正初年から『仮面』や『水甕』などに多くの詩を発表してきた日夏は大正六年に『転身の頌』を自身最初の詩集として出版する。その中に収められている作品の中から森口が活動を共にした大正三、四年の詩を抜き出していくつかの項目別に使用された言葉を抜き出したのが巻末の表である（資料1）。それによると自然に関わる言葉が数多く使用されていることにまず気づかされる。同時に最もリアリティを持って詠まれているのが自然に関する部分であるように思われるのである。例えば、「紅宵」（41）と題する詩。

野に出でて　しとやかに　呼吸すれば　　天は沈み　　地は臥して

落日のみ　きらきらと　全世界に膨らむ

一九一四年二月—三月

穏やかに暮れゆく光景を語って余すことがない。この自然の中で夕日が照りわたる様相は、もしかしたら日夏の故郷である飯田の夕暮れ時の風景が背景にあるのかもしれない。もしそうだとするならば近代日本の東京が地方出身者の集まりによって形成されていたとの事実を改めて示していることになるだろう。

ところで、日夏描くところの自然は、このように優しいものばかりではなかった。荒々しい自然はもとより、別の次元での自然も多く詠まれているのである。例えば、「ささやかなる羽虫のかくも蠢動せるを」(4)との表現はどうであろうか。羽虫がうごめくさまがなにかなまめかしさを感じさせはしないであろうか。そして、このように対象に接近しつつ詠み込んでいく様はややもすれば自然と一体になった感覚を持ち、その中で恍惚となっている作者を見ることができるのである。そして、このようななまめかしさは日夏だけのものではなく、『仮面』の別の部分でも見ることができる。『仮面』の表紙絵は永瀬義郎と長谷川潔の二人が交互に担当していたが、このうち永瀬の方の絵を森口は次のように評している。

永瀬は好んで裸女をモチーフにした。「裸女」というとタブローの描写的なものを思い出すから、永瀬の場合は「女体」または「オンナノハダカ」といった方がよい。(中略)女体はしばしば嬰児を抱いて愛撫している。これらの女人は作者にとっては慈母神であり、あるいは聖なる「生」かもしれない。

(「NADGASE」『森口多里論集　美術篇』)

女性を描いたからなまめかしいのではない。なまめかしさを「版画の世界に創出したのは永瀬が初めて」であると森口は述べているのである。つまり、対象自身がなまめかしいのではなく、なまめかしきものとして作者が対象を創出したということである。それならば対象はなんであってもなまめかしさの表現することは可能なはずであろう。そして、日夏の場合はそれが自然であったのである。しかし、ここで注意しなければならないのはなまめかしさが単なる性的な表象ではなく、「生命」の表象であったことである。生き生きとした内的生命に満ちあふれていることがとても大切であると考えられていた。大正期の思想を語るときに生命主義なる言葉でくくられる場合があるが（鈴木貞美『「生命」で読む日本近代』）、このような部分において日夏等の思考も響きあうものがあったと言えよう。

しかし、自然描写がなまめかしいほどにリアルであるのに対し、彼が学生生活を送っている帝都東京の姿をくっきりと浮かび上がらせている作品はほとんどないと言ってよい。むろん、日夏とて実際に東京で起こっていることと全く無縁に生きているというわけではなかった。例えば、「埃及模様」（68）とあるのは大正三年に開かれていた埃及博覧会をふまえての使用であると思われる。早稲田大学建築学科の者たちが中心となって発行していた『建築と装飾』第三巻第三、四号では埃及特集号が組まれており、四号の方には森口も執筆している。その他には「工場の大鉄錘」「自動車のエンジン」（5）の使用は近代社会が手にした強大な力を示すものとして使用されている。街の光景がうかがわれるものとしては「薄暮の街路銀にひかり」（26）があげられる。「暮れ方の街路銀にひかり　双刀の相交線を作る」との表現は、大正初期の東京の町並みがいまだ高層ビルなどに占められることなく、軒の低い建物が居並ぶ街が静かに暮れていく光景を浮かび上がらせている。

そうした中で繰り返し使用されているのが乗り物だった。「自動車」、「航空機」、「急行車」といった言葉の使用、乗り物自体ではないが「鉄軌」もその使用例の中に含んでよいであろう。

されどもわが便乗の街上電車のみは　限りなく凄まじき偏盲の惰力に奔馳す
その警鈴《ベル》は赤き点線の誇張ある継続にして　車台は海嘯の姿をして坂路を流れ下らんとす
そのとき不可思議なる法悦は春潮のごとくに　わが悪運の前知に戦慄せる胸の小函をひたせり
（「坂路に於ける感触」（80））

一九一一年、都心部の路面電車は市営化されていた（原田勝正「東京の市街地拡大と鉄道網（2）」『東京・関東大震災前後』）。そして、地方都市と東京の違いを決定的ならしめていたのが路面電車や自動車の存在だったのである。徳富蘆花が初めて自動車に乗ったときに異様な興奮を覚えたことや、列車に乗った者たちが窓外の景色を最初は認識することができず〝練習〟してやっと見られるようになったと言うが（武田信明『三四郎の乗った汽車』）、日夏の場合にも同様のことが起こっていたのである。それは「法悦」なる語の使用に見ることができるであろう。高速に移動する車両に身を置いたときこみ上げてくる興奮を抑えることはできなかったのである。まさしく、東京という都市空間はスピード感あふれる世界を現出させており、そこに身を置くことがなによりも新しい世に生きる充実感をもたらしていたのかもしれないのである。

日夏耿之介と民衆

このように日夏が生きた都市の光景は、かけらをかき集めることで、いささかなりと言えどもかいま見ることができる。しかし、街に生きている人々の光景はたえて見ることができない。いわば市民不在の世界と言ってよいであろう。明治末期から大正時代初期は、「都市民衆騒擾期」と位置づけられている。日比谷焼き討ち事件以降、非常に能動的な存在として民衆の姿は浮かび上がってきていた。大正政変では、民衆が国会を取り囲み桂内閣を瓦解に追い込んでいた。そうした状況にあって日夏は、どのような態度を示したか。それは、日夏が文語体を選び取ったことに集約されている。日夏は『転身の頌』序の中で読者に「文語の固陋な因習の邪悪的半面」と向き合うことで「簡頸の古文体詩篇も自ら鮮やかに新しい近代の性命を帯びて再生」せしめる努力を要求している。つまり、『転身の頌』に納められている詩群とは新しい詩的世界を生み出すための「曙光」にすぎないのであり、それを理解せんとしてくれるものがあるべき人々であった。そこでは、詩を生み出してくれることは要求されていない。「詩人」の道とは「狭き門」なのであり滅多にくぐれない道であると考えられていた。民衆にはそうした高みに登らんとする営為のあることを理解し、共感する役割が求められていたのである。そして、それが求められれば求められるほど現状には否定的にならざるを得なかったのである。

日夏は、この序の中で巷の現状に対しては次のように怒りをこめて述べている。

今の民主的理想を狂信する事深き輩は、神聖壇を象牙の塔よりささげ出でて巷の十字街に置く。（中略）然し、不遜と賤劣との外に何物もない民人の凡ての安閑たる懶惰に便するために、彼等は全く芸術本然の不可思議性を閑却して何等かの型式に於て第二芸術の制作に耽めんしている。

民衆の台頭も民主的理想も邪悪なものとしてはとらえられてはいない。しかし、現状のままのありようをどうしても認めることはできなかったのである。そして、そうした時代認識は意外と吉野作造と近いものであったかもしれないのである。吉野は「民衆的示威運動を論ず」の中で、民衆の台頭を一方では喜びつつも当時の民衆運動が民衆の自覚的意思に基づいて行われていないことを批判し、「民衆の精神的発達を引上げる」必要性を説いていた（『現代の政治』）。そのために善き導き手が必要なのであり、導き手と民衆の往還運動の中に民主政の発達を夢見ていたのである。日夏の場合にあっては最も鋭い怒りが向けられているのが民衆派の詩人たちであった。現状の民衆が努力もせずに理解できる作品を提供することでよしとする態度は、民衆をより堕落させるものに他ならなかったのである。堕落の先には滅びのイメージが幻視される。

市人あまた住みあひて　さだめられたる小事業にいそしむ（中略）ただわれはひびきを感ず
わがおそれ震標へる心の上に　かくて終に凄惨なる最終裁判の日はきたれり　（「神領追憶記」）

今を今のままで生きることを良しとする態度には、どうしても我慢がならなかったのである。なればこそ、よりいっそう、太陽や月、星や宇宙、あらゆる自然が生命あるものとして語られなければならなかったのでないだろうか。

猛夏の十字街をおもへ　人よ　ここに神ありて樹をあらはし
幹ありて枝をさゝへ　枝ありて葉をさゝげ　枝ありて果実を護り　果物ありて核を防ぎ
核ありて細胞をなす　細胞には性染色体ありて　稟性の営みにいそしめり　（「羞明」（50））

それぞれの次元において瑞々しい生命は宿っているはずであった。その生命をより高次の次元に引き上げるためにも詩人は詠い、呼びかけ続けなければならなかった。必要なのは民衆にすり寄り、おもねることではなく、真摯な態度で民衆に向き合うことであったのである。日夏の作品は高踏的であると言われる。しかし、それは民衆を無視していたのではなかった。民衆の不在はあるべき民衆への期待の裏返しでもあったのではないであろうか。ここに吉野の言う「精神教育」の必要性が浮上してくる必要があった。「羞明」の中で「性染色体」という言葉が使用されているが、磯田光一氏は草木の根の微細な生え方や細胞分裂の機構などは明治三十年代に急速に理科教育の中に入ってきていたことを指摘している（『萩原朔太郎』）。今まで民衆のものではなかった知的内容が民衆のものとなってきていたのである。それならば、詩という感性の分野においても民衆が向上してくるのは可能である。そうした地点に日夏は立っていたように思われる。

そして、そうであるからこそ日夏自身は屹立し続けていかなければならなかった。そこで執拗に追い求められたのが超越的な存在である。「最終裁判」を語っていることからキリスト教の影響もうかがえるが、決してそうとは言い切れない。それよりも偏在し常に人間を見守っているという感が強い。日夏の母は、神仏に対する信仰が非常に厚く、異界の存在にも興味を持っており、大正初年に至ってはキリスト教宣教師の話をよく聞いていたということである。日夏の神が特定の宗教の神に像を結べないのは、そうした母親の態度が影響しているのかもしれない。また、『転身の頌』は「ツァアラツストラ如是説」の引用から始まっておりニーチェの影響も考慮される必要があろう。ともかくも折に触れて、めざされているのが神との合一であり、それに伴う恍惚であった。しかし、一個の人間としての日夏は性欲をはじめとするさまざまな欲望に悩んでおり、そうした煩悶する存在であるからこそ、その裏返しとしての神人合一を求めたという側面を見逃してはならないであろう。すべてはこれからであった。『転身の頌』に収められている詩の中には「四月」も含めて「春」という季節が驚くほど踊っている。「曙光」という言葉も使用されている。日夏は、その始まりに当たって「沙門」の如く単独者として歩いていく道を選び取ったのである。

森口の『仮面』参入

大学を自分の身のさしあたっての置き所とのみ考え、最低限しか学校へ行かなかった同人たちの間にあって森口は異質であった。休みもせず、大学に通い続けたからである。森口がそのように多くの者たちの中で一人皆勤であり成績もトップであったものの、学校に行かなかった日夏の成績も森口のそれと同等であったと少々からかい気味に回想されてもいたのである（原久一郎「日夏耿之介の思い出」『詩人日夏耿之介』）。理由はわからないが水沢から送り出してくれた兄への義理もあったかもしれない。しかし、それが島村抱月や佐藤功一といった教授と深い師弟関係を結ぶこととなり、森口が世に出るきっかけともなったのである。

さらに言うならば、『仮面』同人の中では森口は遅れてきた男であった。森口が最初に登場するのは大正三年三月、『仮面』一六号のことであったのである。どういういきさつで参加したかについては大正三年五号の「消息欄」の中で述べられている。

小生未だ中学校校庭の青草に横はりて稚純の想ひに耽り居候頃、行く行くは装飾画家として身を立てん志に候ひしが、図らずも装飾画の性質として実用の覊絆を脱し得ず、且つ本邦装飾画家の、芸術家としてよりも工藝家として取扱はる事実に想到して急に厭気が射し、此処に断然彩管を放擲して専心文藝の道に赴き申候。其れより幾星霜、唯今にては黄嘴以て美術を論じ、稚想以て戯曲を綴る身と相成候へ共、それは其処に自己の才能を見出したる為めにてはさらさら候はず、唯単に「美術評論」とか「戯曲」とか云ふ名詞に何となく一種の魅力を感じたる故に有之候。

はじめは美術方面に行きたかったにもかかわらず兄に否定され、英文科に進んだのはすでに見たとおりである。しかし、ここで注目すべきなのは森口が美術方面では装飾に、文藝方面では戯曲に興味を持っていた点である。両者は、それを享受する者のことを強く考えなくてはならないことに共通点を持っている。

装飾も戯曲も〃創造者〃の独創性を自由に推し進めればよいというのでなく、見る者、読む者の反応を考慮に入れて生み出されなければならない特質を持っている。これは、日夏のような詩人が孤高の存在として屹立し、民衆がやってくるのを待つという構えが可能なのに対し、いま、ここで理解してもらう必要があったのである。そういった意味で森口は、人々の生活ぶりや願いを考慮に入れつつ創作を行う必要があったのである。

そして、人々の生活との関わりの中で自らの芸術を考えていくというのが森口のスタンスであったとすれば、大正三年の時点でロマン・ロランの『ミレー』を翻訳し、出版していたのも領ける。その後、大正十年にもう一度翻訳し直し出版しているところから、この「処女作」への思い入れを知

森口が翻訳したロマン・ロランの『MILLET』

ることができよう。その序によれば、大正三年版は『現代の美術特別号』としての出版であり、翻訳文も不本意だったので訳し直したとなっている。そこではミレーは次のように要約されていた。

憂愁のうちに気高い静寂を体得した人、労苦と困厄とのうちにあって魂の光の愈々冴え渡った人、古典的精神の画家であって、同時に民衆の画家であった人

ここで森口が「農民」とせずに「民衆」と要約しているところに一つの想いを見ることができるかもしれない。ロランの描くミレーは何よりも信仰深く、都市を嫌い、パリを嫌い、それでありながら都市民からの嘲笑をおそれつつもその嘲笑に耐えて自らの信じる絵画を生み出し続けた者であった。都市に生きようとする森口は、そうした点を少しオブラートに包んでおきたかったのかもしれない。

ところで、ロランはミレーが「農民の欠点に関しては何等の幻想」も持っていなかったことを指摘している。あらかじめ美なるものを想定し、それに沿った農民像を描き出すのではなく、醜さも飲み込んでまるごと目の前の農民を描くことに徹したということである。徹底したリアリズムに徹するとのミレー像は、後の森口の歩みと重ね合わせたとき、大いに共感をするところであったことと推察される。さらに、ミレーのリアリズムが、単に事実を映し出したのではなく、農民たちが持っていた深い祈り、その光景を包んでいる音、そうした生活全体を映し出す鏡となり得ていることを理解したとき、単なる奇をてらった技巧には何の意味を見出すことができなくなっていくのである。

ところで、人々の生活との関わりの中で芸術を考えていこうとする森口のスタンスは、装飾への幻滅に

関わりを持ってはいなかったであろうか。消息欄で述べられていた装飾への幻滅を字義通り受け止めれば、装飾が美術として認められず単なる飾りとして受け止められている現状に幻滅したとも読める。事実、これまでの研究で日本美術が純粋美術としての絵画を特権的地位につけ、実用を伴う工芸は一ランク下のものと見られるようになっていったことが指摘されている（北沢憲昭『境界の美術史』）。しかし、理由はそれだけであろうか。これに関する森口自身の言葉は聞けないが、森口が訳出したオスカー・ワイルドのアメリカ講演は参考になるかもしれない。それは一八八二年に行われたとされている。そこで、ワイルドは機械製の装飾品と白い壁で構成されているアメリカの人々の生活を批判し、職人によって生み出される装飾の意味を強調している。それは、「芸術は世界的言語を供給して以て人々の間に新しい同胞結社を創造」する役回りを持っていると述べていたのである（装飾美術論―オスカア　ワイルド―」『仮面』大正三年七月）。森口が装飾に期待していたのは人と人をつなぐ力であったのではないだろうか。それが、日本の現状では不可能であると知ったとき、もう一つの沃野として戯曲への期待が高まってきたように思われる。

森口の戯曲

それでは、『仮面』時代の森口は、どのような戯曲を生み出していたのだろうか。実は、最初に公表された戯曲は『仮面』に掲載されたものではなかった。現在確認されている中でもっとも古い作品は、大正三年一月刊行となっている『文藝の三越』に掲載された「囚われ乙女」である。これは、三越が文芸各方面において懸賞作品を募ったおり、第一等に入選した作品を本にまとめたものである。「募集規定」によれば締め切りは大正二年九月三十日となっている。かなり注目を集めたようで三万五千八百九十七通の応募があったという。森口が参加したのはお伽脚本部門であり、選者は巖谷小波・松居松葉であったが、その第一等に選ばれたのである。「囚われ乙女」の舞台は「三越児童用品研究会参考室」であり、そこにやってきた少年が発明品であるそれをかぶると他の生き物の声が聞こえるヘルメット型の帽子をかぶって「児童博覧会の玄関を飾るカチカチ山の兎」と共に囚われている少女を鬼から救出するが、それは実は夢だったという内容である。設定に研究室や博覧会用の発明品が出てくるなど、かなりハイカラな感じがするがそうした粉飾された部分をはぎ取った時、少年の相棒とは「カチカチ山の兎」に他ならないことに気づかされる。また、相手となる鬼は太陽に弱いのでそれを利用

森口の「囚われ乙女」が掲載された『文藝の三越』（大正３年１月刊）

して退治をしてしまうという設定は伝統的な昔話をアレンジして作り上げられたものだということがわかる。森口は、伝統的な鬼退治を大正初年の都市に生きる子供たちの実感が湧くようにおとぎ話として仕立て直したのである。ここに読み手を考えた作品作りがなされていたのを見ることは不可能ではあるまい。

　このように作り手と読み手の相互関係の中に戯曲が存在するならば、『仮面』の読者を想定したとき、より高度な思想が盛り込まれなければならなかったのは当然であった。この時期、森口が一貫して考えていたのは人々に生き生きとした感情を与える存在についてであったように思われる。最初に掲載された「春山之霞壮夫《はるやまのかすみをとこ》」（大正三年三月十四号）におけるライトモチーフは「野蛮」と「文化」の対立のように見える。そこでは古事記の挿話との設定がなされている。一人の女性をめぐって二人の男性が対立をするが、獣の肉などを贈り物とした男は、

一等者選者と選者となっていた流行会員と『文藝の三越』の応募原稿35,897通

花や音楽を捧げた男＝霞壮夫に敗れてしまう。武器や力を誇示する者の敗退はそういったものを時代遅れの産物のように思わせる。しかし、そうした「野蛮」の側に属するものを森口は一概に否定してはいない。「囚われ乙女」の中でもブーメランを「とんでこい」と名付けてその使用方法を語っているが、未開の人々にとっては「文明人の鉄砲」と同じであり、非常に大切な道具であるとの説明がなされているのである。

そうした中で浮かび上がってくるのが「言葉はいらぬものだ―ただかうして魂と魂とが照らし合っていれば」という霞壮夫の母親の言葉である。霞壮夫の母親は、言葉を文字化し、記録することを考えている。その彼女が、もっとも大切なものは言葉を超えた、あるいは言葉にすることのできない次元にあるものだと語っているのである。

しかし、そうしたものをありありと実感することはとても困難なことであることも、森口は重々承知していた。「稚子京丸荅之曲」では、祀られている観音を「姉様」と呼んで修行している者たちが、その生活に窮屈さを感じ、物足らなさを感じるようになっている。その中で美少年である京丸は、兄弟子の言葉さえも自分を縛るものとしてしか思えなくなってしまう。その果てに「女犯」を犯してしまった京丸は観音の前で自害を遂げてしまうのである。ここで森口は「姉様」である観音の処へ改めて行くという「京丸」に対して、相手の女性に自分のことを「姉様」と呼ばせていることに注意したい。ここでは地上における快楽と天上での法悦が対置されているとは言えないだろうか。京丸は、挫折せる理想主義者であり、罪を犯した自分と聖なる次元との越えがたい距離を思ったとき自殺の道を選び取らざるを得なかったのである。

それでも森口が聖なる次元への探求を手放すことはなかった。「自然と人間」は戯曲ではなく絵師と文士の対話篇であるが、そこでは文士が、絵師たちが求めている世界を「因習的な詩的感情」「詠嘆的気分」「因習的な詩趣」「女学生的享楽」などと口を極めて批判している。真の対象と向き合わず、いつの間にか作り上げられてしまった伝統的な感受性に沿って生み出され続ける美の世界が偽りの世界であると批判されているのである。伝統的な美意識に安住することは、真の姿を感じ取ることを妨げるものに他ならないからである。そうした意味で森口が評価しているのが、安藤広重である（「広重と清親」）。広重は「最初の風景画」を描いた者と位置づけられ、フランス印象派に比せられている。「自然の直接の印象に執着して、其処からばかり不尽の感興を見出し」ていたからである。さらに、広重は、自分の見ている風景とまっすぐに向き合う中で土地独自のありよう、「郷土的雰囲気」も醸し出すことに成功しているという。そして、そのことはその「自然の中で呼吸する人間」を描き出すことにつながっていくとされているのである。人間は、目の前の大地と向き合って生活していくしかない。ところが、伝統的な日本の山水画が描いたのは作り出された日本的な風景であり、そこに汗を流して生きている人間は描き込められはしなかったのである。人間を描き込もうとする地平も広重が切り拓いた道であったとされていたのであった。

このように森口は「伝統」と「革新」の軸の中では、確実に「革新」の側に立っていた。その革新の向こう側には真の姿への希求が横たわっていたのである。しかし、そうした議論の間に突如としてノイズが入る。言ってみれば伝統と革新の軸とは別に「異常」と「正常」の軸が入ってくるのである。実は、先ほどの文士と絵師の議論は真の姿を描こうとする画家を言祝ぐことで終わっていない。突如として文士は「空想の愉悦」なるものを言い出す。全くの虚構に美を感じるというのである。思えば、伝統と革新と言ったとき、全く伝統から離れた革新とは可能であろうか。美の根拠とはどこに求めることができるのであろうか。

そうした袋小路にぶち当たったとき、立ち現れてきたのが美の根拠としての「異常な感覚の刺激」である。それは、異常と自覚されているようにグロテスクなものである。美少年を愛する男、ただし仮装した美少年しか愛することが出来ない男を森口は創作している（「青年と少年」）。そして、そのような仮構の美を具体的に現出させているのは舞台の世界であろう。この時期の森口は、舞台への関心も深かった（『文藝の三越』プロフィール）。師の島村抱月に従って何度も作品を鑑賞していたかもしれない。松井須磨子への評価も高かったようである。仮構によってもたらされる刺激の美。それは、都市のものに他ならない。森口は、広重と並んで小林清親をとりあげている。広重がどんなに街を描こうとも自然に関心があったのに対し、光と影の織りなす人工美を描き出した都市の画家として清親を評価したのである。真なる姿を追い求めるのか、それとも刺激にその身をゆだねるのか。この時期の森口は、この二つに分裂していたように思われる。それは、地方都市水沢から東京にきて五年、当然のことかもしれなかった。半身を都市に浸しながら、森口が何を求めていくのかが問題となってきたのである。

第三章　美術評論家森口多里

近代と向き合う

美術批評の世界に足を踏み入れた森口が、まず行ったのが美術において近代とは何かを明らかにすることであった。その結果として生まれたのが『近代美術史論』である。それは、大正十一年に出版されているが、この仕事は森口にとってかなりの重荷であったようである。なんどもなんども書き直しが試みられながらも、独自の構成はやがて捨てられてしまっている。近代美術史を自律的にまとめるのは無理だったのである。結局、ムーテルの『近世絵画史』を土台とした骨格となったと序文では述べられている。近代とはまさしく維新以来多くの日本人が向き合ってきた巨大な存在であり、その本体を捕まえる作業はまだ駆け出しの森口には荷の重い仕事であったと言えよう。

しかし、そうであっても森口が向き合った近代は、大正時代特有の近代に他ならなかった。例えばそれは高橋由一の近代とは異なっていたのである。周知の如く由一にとっての近代はなんと言っても写実へと収斂していくものであった。そのために対象はよく観察され、まさしくあるがままに、それこそ魂を画面に練り込むようにして描き込みがなされたのである。もちろん森口にあってもリアリズムの出現は近代の画期をなす重要な要素であった。その画期をなすものとしてはヤン・ファン・アイクが取り上げられている。しかし、森口にあってはそうした技巧上の達成よりも、ものの感じ方こそがもっと重大な問題だった。言い換えれば、リアリズムの出現自体よりそれを可能にした感受性のあり方に関心があったと言って良いだろう。

そして、感受性のようなゆったりと変貌していく部分に領域を当てる性向は、森口が著したのが「近代美術論」ではなくて、「近代美術史論」であったことと存外関わっていたのかもしれない。それは、例えば盛期ルネサンスを取り上げ、そこに典型を見出し、そこから近代像を作り上げ、それを軽々に構造化してしまおうとする思考とは対局にあると言ってよいだろう。そうではなく、時の移り変わりに寄り添いつつ襞に入り込むようにしてあちらこちらで多様に鳴り響いている微細な調子を聞き届け、それを折り重ね合わせることで総体としての近代の姿を見届けようとする構えであるといってよいであろう。それは、完全体としての近代の存在を拒否していると言い換えてもよいかもしれない。時代ごと、場所ごとにいくつもの近代があり、それを間遠に見たとき、なんとなく「近代」そのものを感じることができる。そんな地点に森口は身を置いていたように思われる。

そうした構えは、近代美術史と銘打ちながら、ルネサンスを特権化していないことに顕著に見出すことができる。ダ・ヴィンチはその独創性よりも総合者としての姿に多くのページが割かれている。森口は天才の個人的なひらめきよりも、目の前の課題に向き合って行われたさまざまな営みの集積の果てに生み出されてくる新しい世界により重点を置いている。しかし、さまざまな営みの中には近代に沃するものもあれば、中世的世界に深く沈殿していこうとするものもあった。そうしたとき、「近代」の側に属するもののみを評価する姿勢は取られていない。美の問題は進化論的発想とは無縁のものとして位置づけられているのである。中世にとどまったアンジェリコは最大級の讃辞を受けている。しかし、そうした営みもリフレクションとして近代美術を豊かにしていく契機となったと把握されているのである。

近代のめざめ

このようにいくつもの側面で「近代」美術を相対化していったとき、何が見えてくるであろうか。森口は、『史論』の序文の中で今までにあまり語られてこなかった部分を語りたいと述べている。具体的には、「中世から近代へ」という部分であった。それは、言い換えれば近代のめざめの部分であった。では、近代の契機はどこに見出されているか。ここでも技法に契機を見出す方法はとられていない。主に近代への動きの契機は画題の変化と表情の変化に特化して語られている。画題の拡張については聖人とマリア像が盛んに描かれていることに注目している。では、聖人とマリアとは何か。それは、媒介者であるとされる。神と人々をつなぐもの。中世において、神は彼方にそびえ立ち、人々を厳しく支配する者として描かれていたという。その表情は硬く厳しくまさしく近寄りがたい存在であったのである。しかし、聖人とマリアによって人々は取りなされ、許されていく。そこに表情が優しくなっていく必然性を読みとっているのである。なによりも出現した近代とは「官僚的に」人々を支配するのではなく、優しく人々を包み込むものとして把握されていたのである。

そして、そのことは別の要素をもたらすこととなった。神が峻厳な支配者ではなく、人々の側によりそう優しい存在となったことは支配の道具であった美術が民衆に近しいものとなってくることを意味していた。しかし、それは同時に俗世間社会が美術の中へと逆に流れ込んでくることを意味していたのである。その結果、身の回りにあるさまざまなものが画題となってくることとなった。そして、その中で風景の発見があったとされているのである。観察の重視は、原因ではなく結果であった。新しい画材が出現してきたとき、あるがままに見ようとする精神が作動し始める。そうした果てに神ならぬ市民の生活そのものが美の対象となりうる可能性が開かれてくるとされていたのであった。

そうした意味で近代の鍵を握る人物としては、チマブエとジオットーが取り上げられている。森口はムーテルに依りつつ『史論』をまとめながら、自分なりにもう一度、近代生成期をとらえかえしていた。その中で重要視されているのがその両者なのである。そして、第三の重要人物として取り上げられていたのが聖フランシスであった。フランシスは美術者ではない。しかし、彼の新しい感受性や生活ぶりが新しい美を生み出した源泉であるとされていたのである。ここに美術の変化を自律的に見るのではなく、大きな社会変動の中に見るまなざしが宿っていることに気づかされるであろう。そして、社会の変化に契機が宿っているとするならば、美しい美の胚胎は、どんなに高貴な者あろうがフランシス個人にはなく、民衆の感受性の変化の中にこそ契機が見出されていたのである。

ところで、民衆の感受性に美術のあり方をゆだねたとき、いくつもの変化が起こることも指摘されている。その一つが市民の生活が主要な関心となっていけばいくほど宗教性が薄れ、世俗社会の様子が主役となっていくということである。しかし、それはややもすれば聖なる次元と関わりを失うことで、単なる風俗画に堕してしまう可能性を孕んでいた。美術はブルジョワの家の壁に掛けられ、安穏と眺められるものに堕してしまいかねなかった。十七世紀に描かれた、特にオランダで描かれた作品には、その傾向が見えると指摘されている。そうした把握からは、レンブラントは例外的な存在と位置づけられる他なかった。神のまなざしを常に忘れずに作品を制作したレンブラントは、偉大ではあるが代表ではなかったのである。

しかし、美とは人々を鼓舞し、魂を揺るがすものであると森口は考えていたはずである。そうした観点から考えたとき、近代美術史の中で重要な役割を担っている存在として特筆されているのがカラヴァッジョである。この異形の画家は『史論』の中では原始の荒々しい力を画面に引き込んだ者として位置づけられている。神という聖性が見えなくなっていったとき、美に力を与える存在として原始性への着目が注目されてきたのである。これもすべての奥底に宿っているという点では、近代の属性である普遍に属しているかもしれなかった。しかし、合理と理知という観点からは遠く隔たっているといえよう。そして、逆に普遍性から隔たった近代の存在も同時に認められていたのである。森口が時折思い出したように指摘しているのは「郷土性」であった。古くは北方ルネサンスにその指摘が見られる。目の前にあるものを観察するということは、どこにでもあるものではなくそこにしかないものに着目するのが当然であったのである。

このように森口にとって近代とはおそろしく多義的であり、普遍と理知と合理と科学に集約すれば事足りるというものではなかった。そして、感受性の変化に着目する観点から言えば、やはり、最もドラマティックなのは近代の始まりの光景であった。森口はボッティチェリに託して論じている。近代の始まりとは、蒙昧な中世を倒して意気揚々としているようなりりしい光景ではなかった。安定した秩序像の中に安住できず、止むに止まれぬ気持ちを抱えて自らの目だけを頼りに世界に乗り出していくものとしてとらえたのである。堅固な構造を持っておらず、耐えざる変化の中で自分の目だけを頼りに歩み続けなければならないものとして、近代はとらえられていたのである。そうした観点からすれば、近代の属性は不安であった。そうした不安な世界にとまどいつつ乗り出していく時、近代がやってきたとされていたのである。

ラファエル前派

大正十一年、森口は『近代美術十二講』（東京堂書店）を出版する。すでに『近代美術史論』を送り出しているにもかかわらず、何故また近代について語る必要があったのか。当たり前のことであるが、発生時の近代は一九一〇年代の近代ではあり得なかった。序文に書かれているようにいま起こっていること、それを森口なりに掴まえようとする必要を感じていたのである。つまり、この場合の近代とは『史論』の場合と異なって「現代」の意であった。ルネサンス以降の総体としての近代ではなく、いま生きている時代にとって直接的過去ともいうべき時間がここでいう近代であったといってよいであろう。章立てを見るとラファエル前派、印象派、フォービズム、立体派、未来派、ダダイズム等が取り上げられている。ここでは近過去に次々と生起してきたものばかりでなく、当時にあって生起しつつあった芸術運動までが取り上げられていた。それらは現代社会と向き合う中で起こってきたはずであり、もしそうであるならば現代を理解するためにも、それを分析することは絶対に必要なはずであった。しかし、いまだそれがなされず、評価が定まっていないどころか、流派によっては情報自体が乏しい中、自分自身の感受性を頼りに現代芸術の俯瞰をなそうとの意気込みを持って『十二講』は書かれたのである。

そうした中でまず目を引くのはラファエル前派を現代の起点ととらえている点である。一般に印象派から現代が説き起こされるのに対してラファエル前派を起点にするのはいささか奇異な感じを受ける。ところで、ラファエル前派を重要視するのは森口の独創ではない。師である島村抱月は、イギリス留学時にその重要性にいち早く気付いていた。だからその影響といってもよいかもしれない。抱月は、留学中に開館してまもないテートギャラリーでロセッティをはじめとするラファエル前派の実物をその目で見るという体験を持っていた。また、二十世紀初頭のイギリスは、まだなおラファエル前派の残り香を漂わせていたとされており、そうした空気を吸った抱月としてはラファエル前派はやがて分裂し失敗に終わってしまったとしながらも取り上げざるを得ないような存在だったのである（岩佐壮四郎『抱月のベル・エポック』）。帰国後に著された『文芸講話』の中でも一章があてられていた。その中でラファエル前派の特徴としては、自然と向きあったことが指摘されていたのである。しかし、最もこの派の特徴として指摘されているのは霊的存在を描こうとしたことであり、宗教性が高いことが指摘されていたのである。それに対して森口は、現代の起点としてのラファエル前派にこだわっているように思われる。

それならばどうしてラファエル前派なのか。それは、抱月が指摘しつつも通り過ぎてしまった部分に求められている。すなわち、自然と向き合ったという点である。思えば、ルネサンス期の画家たちも自然と向き合っていた。しかし、時が経ち再様式化が進み、イギリスでは瑞々しい作品が描かれなくなってしまったとされる。そうした退嬰的な雰囲気を打ち破り、自らの目をもって見つめることがラファエル前派によって提唱されたのであった。しかし、ラファエル前派は、ルネサンスの焼き直しではなかった。ルネサンスにあっては注意深い観察の後に生み出された作品は遠近法を用いて客観性が獲得されることがめざされていた。これに対してラファエル前派にあっては客観性に還元されるのではなく、魂を表出するために自然と向き合う必要があったのである。大切なのは、客観ではなく、自分の思いであった。そのわたしとは普遍の中に溶解していくわたしではなく、他ならぬかけがえのない存在としてのわたしに他ならない。わたしの思いをもっとも表現するためには、様式化された表現ではなく、自然と向き合いそれと格闘を続けながら生み出さた表現こそが現代性を獲得するとしていたのである。ミレの「オフィーリア」に見られるような息の詰まるような細密な描写もわたしの思いを表現した結果であったとされている。つまり、森口にあって現代の本体とは表現法ではなく、それに込められた画家の思いに他ならなかったのである。

　このような観点からした時、意外なほど印象派への言及は冷ややかなものとなる。もとより印象派の重要性については深く認識されている。印象派の人々が試みたさまざまな試み、特に技巧的革新を評価することについてはいささかも他の批評家に劣るものではなかった。特に影をも色彩の一つであるとするまなざしのあり方はいたく感心するところであった。また、「緑色の太陽」に代表されるように、わたしだけに見えた対象を素直に描こうとする態度はラファエル前派に通底していると判断されていたように思われる。しかし、森口の危惧は、他ならぬこの点にあったと言ってよいであろう。見えたままに描くとの態度はややもすればその奥にあるはずの深い精神性の欠如となって現れると考えられていた。下手をすれば単なる色彩の戯れに堕してしまう恐れが懐かれていたのである。森口にとって自然と向き合うとは芸術家自身が伝えたい魂の部分を表出するために必要なものであった。自然と向き合う中で感受性はとぎすまされ、それを精緻に描く中で精神性が立ち現れてくるはずだったのである。その点を欠如しがちな印象派に対しては、ラファエル前派と比較するとくらべものにならない達成を見せながらも、どうしても全面的に肯定的な評価をすることはできなかったのである。

　そのような森口が印象派でもっとも評価したのは題材の拡張であった。なにげない市民生活を描いてそれを芸術までに高めたことについては手放しで喜んでいたのである。それは、後期ラファエル前派に対する好意的な態度と響きあっているように思われる。森口は、現代芸術のもう一つの柱として主役としての民衆を置いていた。もし、そうであるならば作品の中に彼らが現れてこない事、芸術が彼らのもとに届けられない事は何か間違っていると感じられていたのである。前者は印象派が、後者は後期ラファエル前派が役回りを果たすことで現代芸術が作動する環境が整えられる端緒となるはずであった。後期ラファエル前派は装飾芸術の発達との観点からも望ましいとされていた。モリスたちが生み出した複雑で精緻なデザインはラファエル前派を立派に受け継ぐものとされたのである。やがて、そのような動きはやがてカンデンスキーをも生み出してくる端緒となったと考えられていた。森口にとって装飾芸術とは裏に秘めた魂の表出に他ならなかったのである。

変貌する都市と芸術

しかし、このように現代芸術を生み出す源を芸術家の深い精神性に求めた森口が、未来派に対して好意的なまなざしを向けているのは奇異な感じを受けるかもしれない。未来派といえば、素材としての鉄、すさまじく激しい動き、轟音、さまざまな力の噴出を肯定した芸術であった。そこには、魂はなく、ただただ力の営みが貫かれていたのである。にもかかわらず未来派に肯定的なのは何故か。森口は、彼が当時、住んできた浅草の街の光景を次のように述べている。

此処から遠くない上野の空で頻りに飛行器のプロペラが唸ってゐる、何かしら爆音も聞こえる。今日は平和博覧会の開かれる最初の日だからである。そればかりではない。此処は浅草の裏町であるから、荷物を運ぶ自動車の不遠慮な音、長屋の子供達の喧噪、安価な食物を売り歩く者のベルの音、貧しい家内工業者の槌の音、それらが障子一枚を境とした下界の空気を間断なく振動させてゐるのである。そして勿論それらの騒音は、室内の人間の感覚と神経を刺戟して、精神に或る影響を与へなければ止まない。

（「マリネッティと未来主義」『近代美術十二講』）

一九一〇年代の東京の街角も未来派が描くような世界になりつつあったのである。日本においても都市は拡充し、生活に機械が入り始めていた。そのような生活の変貌はいいとか悪いとかを超えて東京に暮らす人々の前に姿を現し始めていたのである。そうした個人の力を持っては押しとどめることの不可能な生活の変貌を目の当たりにしたとき、それは所与のものとして受け入れる他はなかった。そして、その光景を最も純粋に表現したものとして未来派の仕事は評価されたのである。物質文明の肯定と伝統否定を掲げて出現した未来派に対してはどんなに違和感があろうとも、この地点から出発するしかないとされたのであった。そして、その系として立体派やフォービズムも位置づけられている。それらは、出現した新しい世界と共鳴する形で現れていた芸術運動であるとされていたのである。

それ故、出現した動的世界に背を向け、なんとなく心地よい風景を表現していた作品に対しては厳しい評価が下されている。その中でももっとも嫌悪されたのが一九世紀的なブルジョワ的世界であった。それは安穏とした空間を描き出しており、過去の追憶にしかすぎなかったのである。森口は起こってきた新しい力を不可逆的な進行ととらえ、それを認めることからしか新しい芸術は始まらないと考えていたのである。

しかし、古い伝統を打ち破って出現してきた荒々しい力が世にあふれかえるほど、それに反発する動向のあったことも見逃されてはいない。森口が注目したのは、ゴーギャンやゴッホやルソーの仕事であった。それは、反都市の相貌をもって現れており、行き着くところは原始芸術と響きあうとされていた。彼らは、生活の中に機械が入り込み、生活空間が人工物で覆われ快適な生活が可能になるほど人間の奥底に持っている純粋な力が失われていくことをおそれていたととらえられていた。森口は、ゴーギャンが「文明」の人としては生活破綻者であり悲劇的であったかを描き出しながらも、「未開」の中に入り込んでいかに瑞々しい作品を生み出したかを切々と語っている。まさしく、文明の力が世を覆い尽くそうとしたとき、自然としての人間が奥の奥で持っている純粋な力が発見されたのである。また、市井では、純粋な力を最も感じうる存在として、労働者やジプシーが描かれる対象として現れてきたとされてもいた。

このようにヨーロッパでは文明の進展とそれに対する懐疑の相克の中で美術は彫豚されていった。懐疑は、見ようによっては桎梏の役割を果たしていたかもしれなかった。その時、全き力の体現者として注目されてきたのがアメリカである。それに感応したものとしてはダダイズムが取り上げられている。ダダの言いたいことはわからないとされながらもアメリカとの関連が指摘されている。ところで、森口自身はアメリカ礼賛へと向かわなかった。アメリカについてはこの後もほとんど言及がなされていない。伝統と新しい力がぶつかり合うヨーロッパ、そして日本に目を向け続けることで将来への行方を見定めようとしていたのである。それでは、近代日本はどのような道筋をたどったものと見られていたのであろうか。

第四章　日本近代美術の存在意義を求めて

美術批評家の誕生

『史論』で近代の本体と向き合い、『十二講』で現代のありようを測定した森口はそれと並行して同時代の日本で生み出されていた美術作品への批評を行い始めていた。それにしても何故、美術批評を行うようになったのか。森口は、『早稲田文学』を中心に美術批評を展開したが、きっかけは相馬御風のすすめであったとされている。

「しかし、もう少し鋭いところがなくては」と朗読の終わったとき島村先生が被仰ったが、当時既にヤンチャであった僕は、すかさず「でも鋭くしたくないんだから仕方ありません」と答へて、島村先生を苦笑せしめたことがあった、そのときのことである、「美術の批評を書いてみたまへ、きっと面白いものが出来るに違へないから」と傍から相馬さんが言って下すったのは」

（「『早稲田文学』と美術評論界」『早稲田文学』大正九年九号）

始まりは抱月たちを囲む報告会だった。ここでも抱月が絡んでいる。そこでは美術に関する報告もなされていたのである。そのようなことがなされていた理由は、抱月の「文芸」概念のとらえ方が大きな意味を持っていたように思われる。抱月は文学や美術といった創造活動は文芸の下位にあたる概念であると考えていた。文芸とは人間の「人格」をより高次へと高めていくために行われる諸活動すべてを指していた。そういった観点に立てば美術も文学も同じ対象を別の観点から表現したにすぎないものとなり、それは逆に言えば、お互いに理解可能であることを意味していたのである。

ところで、森口の批評であるが、時期的には大正三年から十一年に集中している。言い換えれば、第一次大戦から震災前までであり、一九一〇年代の美術界の推移を見つめたことになる。批評の対象となったのは文展や二科展、院展に入選したものが中心であった。当時の指導的立場にある者たちが評価した作品を俎上に載せていたといってよい。

西洋美術の流入

そこで西洋美術が日本の中にどのように入り込んでいったが問題にされる訳であるが、森口にあっては、しばしばそうされるように日本における西洋美術導入を高橋由一から語り始めるようなことはされていない。西洋美術がどのように日本の社会に根付いていったかとの問題意識も持ち合わせているからである。その観点から考えたとき、始まりの光景は暗がりの中での事だった。『史論』の中では洋画の始まりがとても不幸であったことが述べられている。文明開化期において官主導で導入が行われたものの、市井に生きる人々に対してはなんの感慨も与えなかったとされている。なによりも官僚自身が本当には必要を感じていなかったことは、やがて洋画に逆風が吹き始めるとさっさと退却してしまうことに明らかであるとされている。洋画の先駆者である高橋由一たちは、まことに孤独な戦いを強いられていたのである。洋画が一般の人々への受け入れられるようになったことについては、外光派作品の登場が転機としてあげられている。思えば、地方都市の中学生として岡田三郎助の絵に胸を躍らせていたのが森口であった。柳田國男も『明治大正史世相編』で近代による変化の一つとして色彩をあげていた。

色は多くの若人の装飾に利用される以前、まずそれ自身の大いなる関所を越えて来ている。色彩にもまた一つの近代の開放があったのである。われわれが久しく幻の中にばかり、写し出していた数限りない色合いが今はことごとく現実のものとなったのみならず、さらにそれ以上に思いがけぬ多くの種類をもって、われわれの空想を追い越すこととなったのである。この変化は決して単純なる程度の進みではなかった。

ここでは伝統社会とはくらべものにならないような艶やかな色彩が農村にも及んできたことが指摘されている。そうした色彩に対する感覚の変化は、作品に登場する対象にも微妙に変化をもたらしたようである。大正六年の文展を見た森口は、若い人たちが菊よりもコスモスを、富士山よりも夏草の裾野を好むことを発見して改めて時代の変化を感じ取っていたのである（「文部省美術展覧会合評」『早稲田文学』大正六年十一月)。

しかし、色彩の変化をもたらし、色に対する感覚の変化をもたらすことだけが西洋美術の存在意義ではなかった。それは、やがて森口がさまざまな美術作品に向き合う中で、岡田の作品に物足りなさを感じるようになったことに象徴的に現れている。ただ綺麗であることへの疑念。しかし、その時こそが本当の美術への扉が開かれる瞬間であると考えられていたように思われる。なぜならば、画家たちがあらためて絵を描くことの意味を自ら問い、それとの格闘の中から作品を生み出してくるはずであったからである。それは、さまざまな描かれた方が登場してくることも意味していた。分裂こそがあらたな時代への出発点だったのである。

西洋芸術の受け止め方

大正期の美術界はまさに百花繚乱の様相を呈していく。大正八年の時点で当時の「諸流派」は次のように区分されている。

理想派　斎藤與里　小杉未醒
現実派　山本鼎　石井柏亭　安井曾太郎
新浪漫派　有島生馬　坂本繁二郎　山脇信徳　正宗得三郎　梅原龍三郎
人道派　岸田劉生

低徊派　　片多徳郎
分解派　　普門暁　　東郷青児
（「現代洋画界の諸流派」『早稲田文学』大正八年九号）

分解派を例外として、区分のなされ方は技法によってはなされていない。同じ現実派に区分されていても石井柏亭と安井曾太郎では描きようは全く異なっていた。技法ではなく、何を絵に込めようとしたかが大切だったのである。しかし、これとてかりそめの区分にしかすぎなかった。画家たちは動揺し、変貌し続けており、森口もそれが望ましい姿であるとしていたのである。問いに対するそれぞれの答えが出されていないにもかかわらず軽々に安住の地を見出してなどほしくはなかった。だとすれば、森口の評価は描き出そうとしたものがどれだけ表現されているかにかかっているはずであった。

しかし、そうした観点から考えたとき、生みだされた作品に対する評価は非常に厳しいものとなった。若い美術評論家にすぎなかった森口は、大家も含めてかなりストレートに不満をぶつけたのである。

未来派の手法を導入しようとした東郷青児に対しては、未来派と呼ぶことがためらわれている。結局、「未来派的」と「的」がつけられてしまっているのである。理由は明瞭であった。東郷の作品が分解に夢中になっている間にそれをつなぐ統合を忘れてしまっていたと見られたからである。満谷国四郎は反印象主義から単純化を図った画家であると位置づけられている。しかし、「複雑の極に必然に創生された単純化ではない」として満谷の試みは全く評価がなされない（『近代美術史論』）。批判は新しい様式を試みた者ばかりに対してだけではなかった。自家薬籠中のものにしたはずの光線の使い方にも向けられる。川合政次郎の『小鳥』には「伝襲的に光線の効果を誇張」していると批判がなされていたのである（「文部省美術展覧会合評　洋画」『早稲田文学』大正六年一一号）。結局の所、描かれた作品に伝えたい内容を持っていないもの、伝えようとしていないものは評価の埒外に置かれることとなったのである。特に、すでに獲得された技法を手段として用いた作品に対しては手厳しかった。そのような作品は「初めから或る情緒とか気分とかを予定して」（「二科会及美術院洋画」『早稲田文学』大正六年一〇号）制作されたきわめて安易なものであり、未知の世界に切り込んでいく気概をみじんも感じさせるものではなかったからである。近代日本の美術界は獲得された次元に満足して立ち止まってよい所になど達してはいなかった。自らに問い続け、そこから生み出された思いを表現し続けることだけが生きる道であると考えられていたのである。

このように批判を浴びた画家たちに対して、評価された者たちはどのような理由を持って評価されていたであろうか。意外にも「日本」を表現することに成功したとの言葉が肯定的評価がなされたときの一つのあり方である。大野隆徳「新しい調子で日本の郷土生活を歌った牧歌でも聞くやうな絵である」（「文部省二科会両美術展覧会を評す　西洋画の部」『早稲田文学』大正五年一一号）「日本の田園生活とエクゾチズムとを本能的に調和する人だ。今度の『山国の収穫』も、場面の掴み方が頗るうまい。」（「文部省美術展覧会合評」『早稲田文学』大正六年一一号）、森田恒友「日本の国土に即し、湿気の多い温帯的日本の空気に馴染んだ油絵」を制作した（『美術五十年史』）といった具合である。岸田劉生も日本の風景を描いたことが評価されていた。しかし、このような評価の尺度は偏狭なナショナリズムに支えられたものではなかった。日本が表現できたとは目の前に広がる自然とまっすぐに向き合った証とされていたのである。

だから、日本という言葉が使用されない場合には「自然」をキーワードとしたコメントがなされているが、それは同じ意味だったのである。坂本繁二郎の場合には「野の草、野の獣と共に自然の一員としての生存」を目指していることが、『牛』では「作者の呼吸と牛の呼吸とが同じリズムを打ってゐる」ことが激賞されている（「院展、文展及び二科会展覧会評」『早稲田文学』大正四年一一号）。絵の中に作者と対象が共に息づいているような作品が生み出されたことが手放しで言祝がれているのである。つまり、西欧の新様式の安易な導入は模倣にしかすぎないが、目の前の対象と格闘する中でなら新様式風になろうとも全く問題はなかったのである。ましてやリアリズムである必要は全くなかった。森口は、斎藤與里の「すべてを恰も子供の自由画のような畸形に単純化」した絵を高く評価していた。問題は、自分の描かんとする対象と真剣に向きあえたか否かが問題だったのである。洋画を描くことは西洋化することではなかった。今まで誰も見たことのない新しい日本の美が生み出される触媒となってほしかったのである。そういった意味で自然と向き合った行き先が「郷土性」の表現となる場合もあり得た。しかし、繰り返すが目の前の自然を表現し得た者を高く評価したのは、森口が郷土性の中に閉じこもるためではなかった。生き生きとした自然は、マチスがそうしたように「人間の宇宙的感情」とでも言うべきものに連なるものだったのである。目の前の自然に宿っているリズムを感じ得たものだけが宇宙のリズムへと連なることができると考えられていたと言ってよいであろう。

そして、森口の評価の尺度がこのようなものであったとしたならば、それを全たき形で現していたのが岸田劉生であった。大正六年の時点においてすでに第四回二科展に出品した『初夏の小路』に対して「写実を突きつめて象徴に達しようとする信念を以て歩いているのは此の人ぐらゐなものだ」との評価がなされている。ここで使用されている「象徴」を「宇宙的感情」に置き換えれば森口の主張と重なり合うであろう。さらに大正十年『童女像』に対してなされた「内面的な純麗と自発的な深さを発揮することが出来た」作品（『近代美術史論』）との評価は、森口のめざしていた一つの極北がここに生み出されたとの認識を持っていたと言ってよいのではないだろうか。

日本画の場合

これに対して日本画の存在意義はどのように位置づけられていたであろうか。大正九年、森口は、日本画における洋画傾向を取り上げている。多くの者たちが洋画風の自然描写に熱中しているとされている。しかし、それは喜ぶべき事ではなかった。何らの思いも構想もないために矛盾や破綻をきたしているように見えたからである。それでも、近代日本画の道筋をたどったとき、ここまでよく変化したものだとの感慨はあったかもしれない。明治初年、国家は洋画の力を必要とし導入に努めたものの、多くの人々の感性は従来のままであったからである。そういった意味で日本画の革新者たちは由一とは別の意味で孤独な戦いを強いられたものとされている。革新者である狩野芳崖と橋本雅邦は、それぞれ全く別の役割を果たしたと森口は見る。雅邦は、革新者というよりそれまでの「日本画の長い諸々の伝統の最後の集成者」であるとする。森口は菱田春草の言葉をひきながら、雅邦には独創性はほとんどなく諸派の描き方をうまくアレンジするところに真骨頂があったとした。後から来た者たちは雅邦を見ることで多くの事を学ぶことができたとするのである。これに対して真の革新者に位置づけられたのは芳崖だった。森口は、芳崖の『悲母観音』にはさまざまな構想があり、観音の部分について構想段階では「洋風の女神」も一つの可能性としてあったとのエピソードを取り上げている。つまり、悲母観音の観音像は聖母と交錯される中で生み出されてきたわけで、新しい日本画が西洋美術との対峙からしか生まれてこないことにきわめて自覚的であったことが取り上げられているのである。

しかし、その後の日本画がたどった道は、考えようによっては奇妙なものであったと考えられていたかもしれない。森口が同時代的に批評を始める大正期以前、ある意味で新しい日本画は完成されてしまっていたからである。菱田春草は、森口にとって別格の存在としてあった。春草は、「初めは洋画の描法を取り入れて、それによって自然の感じを出そうという試みから出発」したとされる。「朦朧体」の導入、陰影法の使用などを経て生み出された『落葉』は一つの到達点であったとされるのであり、モネの『地中海』に比して論じられている。日本画にありがちな鳥瞰図ではなく人間の視線から「切り取られた自然の一片」。ドラマティックな構成ではなく「単調」であるはずなのに「無限の複雑」さを抱えている画面構成。それらは「綿密な自然の研究」から生み出されたものに他ならないと見られていた。それは、来るべき洋画がなすべき事までも春草が行っていたという事であり「洋画も全然日本的のものとなって始めて国民的性情に一致するは論なきこと」という春草の夢に諸手をあげて賛成するのである（「菱田春草論」『日本評論』大正九年九号）。そして、その後の日本画とは春草が自力で行った道筋を改めて西洋と向き合いつつ展開させて行く道筋に他ならないと考えられていた。早世した春草への思いはいやしがたく、期待をかけた画家には春草の残像を見て時代への期待をかけたりもしている。例えば、大正三年に開催された第一回院展に今村紫紅が出品した『熱風の花』の中に「春草と同じやうな自然の細部の写実」が見られていたように第二の春草の出現が待たれていたのである（『美術五十年史』）。

それにしても西洋と向き合うと言うことであれば確かに大正期の日本画には西洋美術の影響が至る所に見られるようになっていた。森口は多くの日本画家の作品の裏に西洋画家との格闘を感じとっている。土田麦僊にとってのゴーギャン、速水御舟にとっての西洋リアリズム、野長瀬晩花にとってのゴッホ。横山大観にはピカソの痕跡が見出されたりしている。しかし、多くの凡庸な画家にとっては西洋美術の影響は必ずしも望ましくは機能していないと見られていた。それは、ある意味では日本画の構造的欠陥として把握されている。森口は日本画の悪い癖としてすぐに獲得された形を様式化してしまうことをあげている。森口にとって様式とは優れた先達者が編み出した形を後のものが模倣していくシステムに他ならなかった。それは、装飾性の高い日本画としてはありがちであるとしながらも、それは一人ひとりの画家を自然から遠ざけてしまうものとして危惧されたのである。ここでわかることは森口が日本画を芸術として成り立たせていこうと考えていたことである。それは、日本画を享受する人々にも対峙することを意味していた。

自分は、或る情趣を予定して技巧を凝らしたやうな絵を嫌ふものである。それは多くの場合衆俗に媚びることとなるからである。衆俗の耽美性に迎合する様な情趣の表出に低徊してゐるうちは、日本画は新しい力を獲ることができないのである。そして画家自身もまた此の低級な低徊趣味に閉じこもってゐるうちは、芸術家としての真実の喜びを味識することはできないのである。

（「日本画の存在理由」『早稲田文学』一四五号）

様式化された作品にとどまっているうちは、本当の美意識はいつまでも立ち上がっては来ないとされている。そして、もしその場にとどまり続けるならば日本画は「新しい力」を得ることなく滅びに至る道を歩まざるを得ないと危惧されていたのである。

しかし、人々にとってそのような意見はありがた迷惑なことであったかもしれなかった。大正三年にあってもっとも人気のあったのは江戸をノスタルジックに描いた池田薫園の作品だったのである。新しい日本画は岡倉天心以来のさまざまな試みがなされていたとはいえ、それは社会の深部の力に支えられていたものではなかった。ここにおいて、何故、日本画はこれまでのままであってはならないのかが改めて問われることとなる。

たった一つ森口にとって自明であったのは、既存の様式を使い回しているだけでは日本画は衰退せざる

寺崎廣業画『高山清秋』(部分、大正三年)

を得ないとの観測であった。だから、若い画家達が行っていたさまざまな試みは最大限評価される形での美術批評が展開されている。川端龍子『神戦の巻』には「超自然的情趣に新しい表現様式」、小川芋銭には「一種の汎神論的情操の中に生まれた怪物」を描いたとの評価がなされ肯定的にとらえられている。麦僊『海女』についても「原始的生活」を瑞々しく描いたとして題材の拡張をなしたことを評価している(『美術五十年史』)。そうした中で注目されていたのが寺崎廣業の仕事であった。廣業は「東北人」らしく自然の中に入っていき「自然の持っているリズム」をつかまえたと評されていた。大正八年に死去した廣業への追悼文には次のような一節があり、その死が大きな悲しみを以てとらえられたことがわかる。

総じて此の作者には、手管が無い。すべて明け広げた質樸な発表が氏の特質であり、また東北人の特質でもある。此の点に氏の芸術の貴いところがある。そして此の手管の無い大きな素朴な力こそは、今の日本画壇には容易に求めることの出来ない特質である。
（「寺崎廣業氏逝く」『早稲田文学』一六一号）

ややもすればこぎれいにまとまろうとする日本画という分野にあって自然と向き合いそこから荒々しい力を引き出してこようとする廣業のような存在は希少な存在であり、その力は絶対に必要だったのである。

日本画におけるラファエル前派の出現を待つ

しかし、自然から瑞々しい力を取り出してくるためにはどうしたらいいのか。そこにおいてこそ日本画が西洋美術と接触しなければならない最大の理由があった。そもそも日本画の欠陥は、「花鳥」の表現が「余りに自然の気息から離れ」、「風俗」が「あまりに人間味を失」っているところにあった（「日本画の存在理由」）。その対極に置かれたのがセザンヌである。森口は、セザンヌの西洋美術における役割を「伝襲的の観念」で物を見ることから解放したことにあったと見ていた。「物体の面の全ては宇宙的リズムの一断片として存在」としているのであり、それを表現するためには対象と向き合い、それから感じることから作品を生み出していったと考えられていたのである（「現代洋画界の諸流派」）。それに対して日本画は余りに「抽象」であったとされる。画家の心に思い浮かんだ自然を勝手にこねくり回し、組み合わせて作品が生み出されてきたからである。そこには、いささかも大きな自然との交歓はなされていない。自然の息吹を感じることなく人をして感じさせる作品は生み出されるはずはなかった。そもそも日本画の目的は「気韻」を描くことにあった。日本画は「写意的」であったのである。

しかし、大きな自然を感じずして気韻を描くことなどあり得ない話だった。「気韻」を描き出すためにも「写実」の道を誠実にたどる必要があった。それを実現するためには安易な妥協は絶対に禁物だった。写実に手を染めた日本画家が適当なところで日本画得意の雲でごまかそうとすることは厳しく戒められている。そうした日本画に必要なことを森口は一言にまとめている。「自然に帰れ」(「絵画の科学的誤謬の問題」『早稲田文学』大正六年五号)。『史論』においてラファエル前派に対して使った言葉である。日本画はもう一度やり直す必要があった。森口は、日本画におけるラファエル前派の出現を呼びかけ続けていたのである。

宇宙の鼓動を聞く

ところで、西洋美術と接触することによる日本画の消滅といった事態は想定されていなかったであろうか。それについては森口は絶対の自信があったようである。大正三年に森口は早稲田大学の先輩である林田春潮と『日本美術史』を刊行しているが、そこでわかったことは日本文化は絶えず外国の文化と接触することで更新されてきたということだった。また、浮世絵の研究を通じて、すでに安藤広重が自然と向き合うことを自発的に実践していたことも発見されたのである。広重は日本の印象派とのキャッチフレーズも生み出されている。確かにハードルは高かった。仏教伝来と並ぶような出来事であるとされてもいた。しかし、このように日本文化の特性と江戸時代の実践によって日本画の自律性については何の心配もなされていなかったのである。

ところで、日本画家はもう一つなすべき事があるとされていた。それを実現するために画家一人ひとりの感受性をより高めていくことが求められていたのである。森口の言葉で言えば「高いセンチメント」を持つということになる。その必要性については普遍史から説き起こされている。美術は以前、呪術や宗教と親和性を持ち、それらが期待するところのものを描いた。それは誰もがわかるものであり、描く者と見る者の心は一つだったとされる。しかし、そうした世界が砕け散り、全くばらばらに人々が生きるようになったのが近代であったというのである。作品も個々別々のものが作られ続けている。そうした時代にあって他者を感動せしめるためには画家が宇宙の鼓動を聞けるまでに「センチメント」を高め、少しでも「真実在」の姿を描き出すより道はないと考えたのである。しばしば使われる主観性とは、決してエゴイスティックなものではなく画家、あるいは作品という媒体を通して大いなる力を感じさせるためのものだったのである。画家は、絶えず人間性を高めることが求められており、直接、宇宙にたゆたう深部の力に触れうる存在であるとされていたのである。そうした意味で森口が同時代の画家の中で最も共感していたのが中村彝であった。中村は、「感覚的なるものの奥に或る精神的なるものを想見しないでは居られなかった」画家であったとされている。そして、中村の生きた時代の雰囲気は後年、次のようにまとめられている。

自然主義文学によって人生に対する懐疑を醸し出され、多かれ少なかれ現実暴露の悲哀を味わった青年層は、その空虚を充たすために、自然主義文学の与へなかったものをキリスト教の教会に求めたのかもしれない。(中略)中村に於てはそれは『宇宙の霊』となり、「悠久感」となり、そして結局自然を支配している統治力への呼応となって現はれた。(中略)未だ社会科学の勃興しなかった時代の青年層は、純真に直接に人生を考へ、大いなる霊を信じ、そして自然に対しては率直に感動した、大自然に悠久を感じる喜びの裡に感傷した。

(「森口多里」『中村彝』)

森口も同じ空気の中にいた。そうした意味で森口の美術批評は、一九一〇年代の精神史ともなっているように思われるのである。

第五章　都市計画から文化住宅へ

佐藤門下の二人

大正期は、建築と都市、都市計画が関連しあっていると考えられていた時代であった。森口の師である佐藤功一は、それをもっとも強調している一人であり、都市のありようが建築を規定し、建築のありようが都市を作っていくと考えていた。佐藤は自身がパトロンとなって雑誌『建築評論』を刊行している。大正八年五月に刊行された第一号表紙には「建築は文明の鏡なり」として「思想も宗教も芸術も政治も科学も総て文化の所産にして建築に綜合され反映せざるものはなし」との言葉が踊っており、建築をそれ自体としてのみ見るのではなく、諸分野を総合するものとして位置づけようとする意気込みが感じられる。書かれた論考にも「郊外町生成の過程」（今和次郎）、「都市計画の縄張争」（中村達太郎）、「都市生活と都市計画」（佐野利器）といったように都市全体の中で建築を問おうとするものが含まれていた。そして、その編集を行っていたのが森口だったのである（期間は大正八年五月から大正九年四月の一年で、その後、中村鎮と交代)。森口は編集者に徹し、自ら執筆することはなかったが、佐藤や今、伊東忠太が毎号のように健筆をふるっていた。

当時、都市問題は大きな関心の的となっており、例えば、それは美術雑誌である『中央美術』大正十一年七月でも都市特集が組まれていることからもわかる。そこでは、さまざまな者たちが帝都東京の至らぬ点を指摘していた。舗装が立ち後れて砂塵が舞っている点や諸施設の欠如など、実に多方面からの指摘がなされていた。そうした中で岸田劉生はアメリカ文化の流入に対して危惧を表明している。劉生が問題にしているのは、アメリカ文化に横たわっている哲学である。岸田によれば、アメリカ文化に魂はなく、ただ機械的な合理性のみが存在していた。そこから生み出される建築は、ただの四角い入れ物にすぎず美が欠落しているとしか見えなかったのである(岸田劉生「アメリカ趣味とセセッション趣味を排す」)。そのような建築が日本に建てられていったとき、美の失われた都となるのを劉生は恐れていたのである。現状への批判とあるべき東京の姿を巡っておのおのの言葉が交錯していた。

そうした中で大正八年、都市計画法が制定される。そして、それに関しては森口も自身が「建築の素人」であることを重々承知の上で一言あったのである。森口は、計画法に「都市の美化」が盛り込まれているとしてその点にこだわろうとする。その前提として問題とされたのは都市改造をするとして都市とは一体誰にとっての都市であるのかということであった。一つは観光都市・東京としての姿を全面に出さんとするものであった。その場合、街作りは外国人のまなざしを意識してなされることとなり、外国人たちが美しい日本と考えている姿に忠実に作られなければならなかった。もしそうであるならば、そのトーンは懐古的なものとなっていく公算が大であった。

もう一つの立場は他ならぬ東京で生活している都市民のために街づくりはなされなければならないとするものであり、森口は後者の立場に立っていた。その上で問題にされたのが「美化」の根拠であり、後者の立場からすれば懐古的な美の再構築ではなく、「都市生活者の休息」こそが第一に考えられなければならなかった。しかしながら、そうであっても休息のためと称して施設がやみくもに作られてはならなかった。具体的には皇居の堀を埋めて公園にしようとする計画にかみついている。そこで出されてきたのが「眺望」という概念である。人が疲労困憊であるとき、真に癒してくれるのは皇居の堀だったというのである。思いつきで時間をかけて作られてきた景観を壊し、公園を作って事足りるとする姿勢に疑義が投げかけられている。さかしらの計画ではなく、潤いのある街とはなにかとの問いかけのもとに施設は作られなければならなかったのである。その施設の一つに美術館があるが、森口は今の芸術家のための美術館ではなく、「国宝級」の美術品を展示するための美術品を建設する側に立っていた。やはり堆積されてきたものをしっかりとふまえることがいまを生きるのに必要であるとの認識があったと思われる。

ところで、同時期、瑞々しい都市論を展開したものとしては今和次郎が知られている。今は、森口と同じく佐藤門下で当時、早稲田大学講師をしていた。その今は、「都市計画の心理的基礎」「都市改造の根本義」を著わして彼のスタンスを明らかにした。今のよって立つ立場は森口同様、都市に生きる人々の心理的側面を出発点としていた。そして、その立場から見たとき、まず目についたのは都市生活者の疲れている姿であった。そのために公園など、彼らを慰安する施設を設けることが喫緊の課題とされていく。しかし、今はそこからもう一歩進める。それは、何故に人々は疲れているかとの問いである。そして、見いだされたのが「過渡期の日本」という答えだった。言葉を換えて言えば、日本の都市は都市になりきっていないというのである。では、都市の都市たるゆえんは何か。それは「共同生活の精神」にあると見られていた。ところが、当時の日本は、むき出しの利己主義がぶつかりあっている光景をさらけだしていたのである。共同生活の精神とはお互いにかなり多くの慎みを持つことであった。ところが、過渡期の日本にあっては、そうした美しい心は醸成されず人の心の醜い面ばかりが前面にでているというのである。それ故、美しい都市へと一気に改造されるなどということは、施設面はもとより心理面からも夢見られてはいなかった。ただ、突破口は開かれねばならなかった。そうした拠点として位置づけられたのが「インナー・デコレーションとガーデン」だったのである。一つひとつの建築物が人間らしく生活できる空間として形作られ、住まわれていった時、「都市改造」は本当の意味で始まると考えられていたのである。今にあって建築物とはまさしく都市を開いていくための扉に他ならないものだったのである。

このように佐藤門下の二人が都市を見つめるまなざしは都市に生きている生活者を出発点としていた。特に今は、都市改造の契機として建築を位置づけたが、一つひとつの建築物を見つめるときも生活者の立場を忘れることはなかった。それは、分離派批判のあり方にも現れている。大正十一年に開催された東京博覧会の目玉はさまざまなパビリオンが当時、流行の最先端だった分離派建築によって作られたところにあった。しかし、今はそれに対して懐疑的だったのである。今にとって建築とは「人が生活を営んでいる所をより快適で楽しいものとする」ためにあった。しかし、分離派建築は、彼らがいかに努力を払おうとも形式の美、外面の美にとどまっているとされたのである。彼らの建築は、いささかも生活と切り結ぶ中で構築されていないと批判されたのであった。

帝国ホテルを観察する

これに対して森口も建築批評をしなかったわけではない。ニコライ堂や帝国ホテルに実際に足を運び、それに対する批評を行っていたのである。特に帝国ホテルはその後の日本人の建築に対するスタンスを考える上でも非常に重要なものと考えられていた。その観察に愛着を持っていたことは、一度、『時事新報』に掲載されたエッセイを『新住宅』大正十一年十月号に再録したことからもわかる。森口は、当初、帝国ホテルをブルジョワ建築の代表として偏見を持って見つめていた。それは、新館でありながら、砂地に浮かぶ楼閣のようにぼんやりした建築物に見えたのである。しかし、それはいまだ砂塵の舞う帝都東京にふさわしいたたずまいとしてライトがわざわざ考えついたモチーフに他ならなかった。凹凸の多い外観は、日本の陰影多き日本の美を思いやってのことだった。そうしたライトの営みを思いやりつつ見ていったとき帝国ホテルとは品の良い東洋趣味であると結論づけられる。品が良いとは何か。

東洋芸術の原始的精神にさかのぼってその上近代芸術の構成主義や立体主義の手法も取り入れている。

(「帝国ホテルの新建築瞥見」『新住宅』)

このようにライトは、エキゾチックな表層をかき集めて帝国ホテルを作り上げたのではなく、東洋芸術とは何かを根元的に考え、それと西洋文明・近代文明とぶつかり合わせた上で生み出してきたものと考えられていた。そして、これからの日本人はライトのようにならなければならないとも考えさせるものだったのである。森口は言う。これからの日本人の「生活意識」は「むしろ大胆に国際的」にならなければならないと。しかし、国際的になるとは流行として他者の文化を取り入れるのではなく「其の『源流』の精神に触れてそれを清新な創造の糧」としたライトのようになることであった。

そのような考えは、一見すると佐藤と並んでもう一人の師であった伊東忠太が当時、言っていたことに反するかもしれない。伊東は、当時、近代日本が無自覚に西洋建築を取り入れてきたことを批判し、もっとも必要なのは「国民的自覚」であるとして伝統的建築にもっと目を向けるように訴えていたのである。しかし、二人の意見は、コインの表と裏であった。他文化とぶつかり合わせるためには、自国の文化にも自覚的にならなければならなかったからである。しかし、この時の森口は、普遍としての西洋文明のほうに傾斜している。そして、そうした関心から作られたのが、『文化的住宅の研究』(以下『研究』と略す)だったのである。

『文化的生活の研究』

『研究』は、林いと子との共著で大正十一年、アルス社より出版された。巻頭は、佐藤功一が「序に代えて」としてアメリカのバンガロー式家屋を紹介している。そこでバンガローの簡便さが賞賛されていることは、簡便性、合理性をいかに日本家屋に宿らせるかが『研究』の眼目となっていることを象徴的に示していているかもしれない。文化住宅に関して言えば、大正初年からの流行といってよいであろう。アメリカから帰国して住宅会社「あめりか屋」を起こした橋口信介が住宅改良会を作ったのが大正五年、西村伊作の『楽しき住家』が出版されたのが大正八年、森本厚吉らが中心となって作られた文化生活研究会も大正六年には活動を開始している。そうした運動のエッセンスは、西村の著作名に象徴的に現れているように、その家に住んでいる人にとって楽しい住居にするにはどうしたらよいのかというものだった（田中修司『西村伊作の楽しき住家』）。そのための方策としては、従来の来客中心から家族中心に変換させること、床の間を廃すこと、畳をやめて板の間にすること、座式生活から椅子式生活に切り替えていくこと、といった共通点を持っていた。

そして、それは、知識人と呼ばれている人々にとってはもはや自明の理と言っても良かったかもしれない。『中央美術』大正九年五号は、住宅研究を特集しており、多くの知識人に対して「日本住宅の改良したき点」との題でアンケートを行っている。その回答のほとんどが今まで慣れ親しんできた和風の家屋を嫌い、洋風化を推奨している。日本家屋を擁護しているのは藤森成吉ぐらいなものだった。日本家屋の弱

第一圖 P.2

大江家の臺所

取はづしの出來る調理板

大江スミ宅の台所を紹介した『文化的住宅の研究』の図版頁

格別用の無い椽側を廢して其處を疊敷としたので室が廣く晴やかになりました。西端の入込みには戸棚があつて戸を開けると第五十圖の寫眞に見る樣に天目の茶入がならんでゐます，

椽側を廢して疊敷とし、肱かけ窓によつて外界と仕切り、東の端には寫眞で見る通り低い棚を設けて生花などを飾れるやうにしてあります。椽側と座敷との境であつた鴨居は其まゝにしてあるので元の椽側であつた部分が何となく纏つた一廓を成してゐる樣に見えます。

『文化的住宅の研究』で紹介した縁側を改良した座敷の例（佐藤功一邸）

点としてあげられているのは、畳と障子、床の間、採光の悪さ、個室の欠如、壁の少なさ、天井の低さ、玄関の存在であった。中でも畳と障子は諸悪の根元のようにとらえられていた。例えば徳田秋声は「先ず畳をまくる必要があるやうです。遊惰と疾病は畳から出てくるようです。」と述べている。生活面、衛生面の両面から畳は追放さるべき第一のものだったのである。

しかし、どの程度、洋風化するについては、論者によって振幅があった。和洋折衷からラジカルな全面洋風化まで。やはり、口では洋風化を論じつつもいざ実践することを考えたとき、ためらいもあったようである。和辻哲郎の畳の代わりにコルクを敷きつめたらどうだろうかといった意見はその典型であろう。不衛生な畳でなければ、座敷生活もよいのではないかと言っているのである。ここからは畳追放には一応賛成はするが、本当に今まで親しんできた座敷生活と手をきれるかどうか戸惑っている姿が透けて見えるであろう。このように『中央美術』が美術雑誌であるにもかかわらず、徳田の意見に代表されるように機能面、衛生面からあるべき住居が考察されているのも、この時代の住居をとらえるまなざしがどのようなものであったかをかいま見せてくれる。

ところで、森口もこのアンケートに答えた一人であった。森口の回答は、中産階級の簡易住宅は一万五千円が標準価格であるとして、もし、そのお金があったら「全然洋風本意の家を建てます」というものであった。座敷生活よりも「腰かけて話す場合に比較的楽に言葉が出る」新しい世代として洋風本意を語っていたのである。その森口が文化住宅を研究した。多くの者たちが語っている中で付け加えることはあったのだろうか。

まず、緒言では自分のスタンスが語られている。

もともと私は建築家ではない、然し住宅の問題の如きは―殊に今の時にあつては―専門家ならぬ人々の単なる「人間」としての率直な意見を求めるのが、何よりの急務であろうと思ふ。

ここでも建築の素人としての立場が表明されている。つまり、作る側ではなく住まう側、消費する側に立って住宅を考えてみようと言うのである。そして、実際にすでに作られている住居を数多く探訪して、それをレポートする中から語るべきことが生み出していこうとする姿勢がうかがわれる。原理的な研究ではなく、実践的な研究に仕上がっているのである。その結果、次のような章立てがなされることとなった。「台所と食堂」、「家の容貌」「読書と睡眠」「部屋の模様換へ」「装飾と装飾品」「子供のために」「家具新潮」「庭園の観察」「住宅巡礼」「園芸野話」。台所や家具とあるところからあるべき家庭生活を想定しつつ書物が編まれていったことが推測される。

ところで、『研究』の中で語られている家庭像は、多くの者たちが論じているものと変わらず、目新しい像はない。基底にあるのは楽しい家庭である。邪悪視されるのは伝統的な家族の食事風景である。森口は「エピソード」として「ある小説」から引用している。

維新以前の教育を受けた漢学者の父と昔風の従順一方の母があった。毎日の様に客が来て父の話し相手、酒の相手をして十二時過ぎでなければ帰らない。その給仕や酒の燗番をするのは誰であらう、母一人です。（中略）父は三度々々必ず食物の小言を言はずに箸を取った事がない。（中略）子供は成長するに従って「早く父と別れて自分一個の新家庭を作り母を請じて愉快に食事をして見やう…」と考える様になった。

そして、これと対照的なのがアメリカの家庭であった。そこでは、夫婦が料理を互いの皿に取り合って家族団らんをしている風景が描かれていたのである。どうしたら家族が笑いあって時間を過ごせる家庭を作ることができるのか。『研究』の最初の章が「台所と食堂」とあるように家庭を切り盛りしている女性が生き生きとしていることが第一であると考えていたことがわかる。使いやすい工夫をした住居としてあげられているのが大江スミ女史の家である。ポイントは流しの高さであった。座ったり立ったりの繰り返しではなく、立ったままですべての行動ができること。台所に限らず、森口の重要視したのは家族がいかに行動的にのびのびと過ごせるかであった。小さい一つひとつのふるまいをしやすくすることが大きな変貌を引き起こすと考えていたようである。だから、流しの高さも「普通の大人の腰の関節と膝の関節との間の中間の点と同じ高さ」と細かく設定されたのである。このように住まう人とは、主人ばかりではなかった。女性、そして、子供も立派な家族の一員だったのである。子供が外で元気に遊ぶために伝統的な日本庭園ではなく、芝生を植えた広々とした空間を作り出すことが提言されたりしているのである。

しかし、誰もが簡単に新築の家を建てることは不可能であった。そこで、『研究』では、次善の策として日本家屋の改造にも目を配っている。選ばれたのは他ならぬ佐藤功一の家である。佐藤の家が施したのは、「南面せる縁側の廃止」であった。旧縁側の外側にガラス戸をはめ込むなどして外界と遮断をした後、縁側であったところに畳を敷き詰めて広々とした空間を作ったり、棚をもうけたりして多角的な使用を可能にしようとしたのである。急激な住居改善はできなくても漸進的にでも換えていこうとする意志を見ることができよう。森口にしろ、師の佐藤にしろ、そう簡単には文化住宅が普及していこうとは考えていなかった。生活全般の変化につながるからである。また、新生活の未体験者がいきなり文化住宅に踏み切る勇気があるとも考えていなかった。それを怯懦だと批判もしなかったのである。そこで、森口らが求めたのがアパートメントの普及であった。まず、体験をしてもらうことが必要であった。アパートメントの普及は、ただの住宅問題ではなく、新しい生活と住居を広げていくためのパイロットプラントに他ならなかったのである。

そして、もう一つ、『研究』には特徴があった。それは、住居を構造的にばかりではなく、装飾面からも考えようとしているところである。装飾研究家として文芸と建築の間にいた森口にとって装飾とは決して二次的なものではなかった。装飾とは「私共の感情生活を精錬するもの」と位置づけられる。それは、美意識を向上させる力を持っているとされたのであった。構造の改善が物質面からの生活改善であるとするならば、装飾は精神面からの生活改善を施すものであった。欧米では、客を招くときには食卓の上を装飾することを決して忘れないと紹介されている。装飾のなされ方がその家らしさを現わすものとされたのである。もちろん、生活に潤いをもたらす面が軽視されていたわけではない。田園では美しい光景が自然と人々の心を癒してくれるのに対し、そうした光景を持たない都市においては人工的に作り出すことが必要とされていた。夏や冬、季節に応じた工夫が求められていた。その折には、壁紙やステンドグラスなど、いまだ使いこなされていない材料も紹介し、思い思いの工夫が期待されていたのである。このように森口は、あくまでも住まう者の目線に立って、そこで暮らしやすくするためにはどうしたらよいかとの観点に立ってこれから建てられるべき住居について論じていた。それは、これから郊外に新たな住まいを求めようとする都市民に寄り添った発言であったと言えよう。

今和次郎と日本の家屋

ところで、森口が文化住宅調査に手を染めていたとき、もう一人の佐藤門下である今和次郎は何をしていたのであろうか。実は、『研究』の中には今によって書かれた項目がある。今は装飾や都市建築から全く遠ざかっていたわけではなかったのである。生活改善論にも反対ではなかった。しかし、同時に民家研究を行っていたのは周知のことである。この時期の今は佐藤の薦めに従って白茅会、郷土会等の調査に同行したりして、古い民家調査を精力的に行い続けていたのである。では、民家調査の意味とは何か。今にとって民家とは生活という次元において古い文化が息づいている貴重な存在であった。事によっては江戸時代どころか中世の痕跡すら見いだせるものであり、日本文化の古層を探求するためになくてはならない存在だったのである。しかし、そうした過去を知るためだけにあるのではなく、都市の知識人がしたり顔で批判している日本家屋の悪しき点を探るためにも調査が必要であった。都市の知識人が頭ごなしに遅れているとする日本家屋に対しては、次のように述べている。

都会の人達は物好きに汽車の窓から変つた格好の田舎の家をながめて、その建築の工夫に驚くことがあるかもしれないが、でもそれは、その土地の人達にとっては極めて自然な建築的工夫なのである。また、反対に、極めて気のきかない間取りのやり方だと考へる家をたくさん見るかもしれない、でも、それもやはりその土地の田舎の人達の日々の生活を本当によく知らなければ、むざと批評することが出来ないことなのである。

（「田舎の人達の家」『日本の民家』）

その土地の人が周囲の環境との必死の対話の中から作り出した住居を軽々に遅れているとの言葉で今は表したくなかったのである。長い生活の中から編み出されたなけなしの合理性をまず理解し、その上で改善すべき点を考えていかなければ本当の意味での改善などなされるはずもないと考えていたのである。そのために緻密なスケッチをし、詳細な間取り図を描き、話を聞く日々が続いていく。『日本の民家』では、北は北海道から南は九州に至るさまざまな地点の家屋が調査されていて読む者を圧倒する。森口も今も生活者のまなざしという地点は忘れなかったが、一九一〇年代にたどった道はよほど異なっていた。森口が都市にとどまって住宅改善を考えたのに対して、今は、民家を微細に見つめ直すことでぐるっとまわりこもうとしたのである。二人はネガとポジの関係にあると言えるかもしれないが、来歴への顧慮という点では森口の危なっかしさは否めない。

そして、それは森口も感じていたことかもしれない。『研究』の最後は小論が三編載せられているが最後のところで森口は次のように述べている。新住宅社で募集した間取り図を通覧した感想である。

面白いことには、神棚や仏壇を考慮の中に置いて設計した人が殆ど無いといふことです。これを旧思想の人々は何と観察するでせうか。新しい時代に若い人々の追求する生活理想には家族の団欒と自然美の享楽とはあるけれ共、神様や仏様は無いのでせうか。（「応募間取図に表はれたる生活理想」）

応募設計案を見渡していたとき、ふっと宿ったことかもしれなかった。幼少の頃より家には当たり前のようにあった神棚や仏壇を置く場所を持たない家が一般的となっていく現実。新しい時代、そして都市に神や仏は必要はないのか。現在を現在という時点からいかに誠実にとらえようとしても、必ずぶつかってしまう壁があった。来歴―民俗の問題を射程に入れる必要のあることを、都市に生きる中で折に触れて感じ始めていたようにも思われるのである。

第六章　故郷と都市の間で

故郷への想い

森口には「郷人炉話」（『東方時論』大正十二年一号）というエッセイがある。思えば水沢から上京してすでに十数年の時が経過していた。そうした時にあたって故郷への想いは次のように記されている。

私にしても、それほどの郷愁に時折魔はれながら、しかも故郷である所の北国の小さな街の人間を大部分好まない、寧ろ嫌厭すると言いたい。それだから町全体の空気も全く好きになれない。（中略）それでありながら今更妙に生れた土地の雰囲気に心を惹かれる。しかしその理由は当座の常識でも判断がつく、即ち、私の心を惹くのは古い伝統の雰囲気だ、この古い雰囲気は、町の現在の空気を如何なる思想、如何なる趣味が支配するとも一向それには頓着することなしに、春になれば川辺に夥しく銀毛紫花の翁草を咲かせ、冬の夜は炉辺に信ずべからざる面も疑ふべからざる狐話の花を咲かせるのである。

森口の幼少時の記憶は、決して甘やかなものではなかった。「財産家の一人息子」と「多数の輩下」によって長期間いじめられた記憶、それが原因での登校拒否を「一概に怠惰者」と決めつけた教師の無理解。現実としての故郷は残酷な記憶に満ちていた。そうした記憶を吹き飛ばしてノスタルジックな思いを懐かせるものは「伝統の雰囲気」であるとされている。その時々の流行を越えてあり続けるたたずまい。そうしたものが思い起こさせる源泉であるとされており、それを形成せしめている一つが自然であった。磯田光一は大正期に起こった「田園ブーム」について考察している。それによれば第一次大戦以降の急速な都市化への反発から田園が人間らしく生きられる場所として見いだされていったというのである。「田園」とは疲れた都市人によって慰安の場所として見直されたのではないかとの推察である（『萩原朔太郎』）。そうした渦の中に森口を位置づけることもできないではない。しかし、解消することはできないように思われる。静かな田園風景に都市の彼方のユートピアを見るには故郷の実相をあまりにも知っていたからである。森口は、生まれながらの都市人ではなく地方から上京した来た者であった。その者たちは、現実のほろにがさと郷愁との間を揺れ動きつつ故郷と対峙していたのである。

そうした中にあって郷愁への思いを誘うのは田園風景だけではなかった。幼いときに唄った歌や語りを思い出す時に想いはやってきたようである。東京の町を歩いているときにふと気づくと幼いときに唄った手鞠歌を口ずさんでいる自分がいるのを発見して驚いている。その手鞠歌というのは郷里に帰った森口が「老年の母親から古い手鞠唄を幾つか聞いて書きとめてきた」ものであった。

お正月は　　一に鉄砲鼻たらし
二ン月は　　残り正月歳かさね
かさねがさねの五本松五本松（後略）

ここで注意すべきなのは、手鞠唄が郷里の母親に確認をしてきたものだということかもしれない。郷愁とは、即事的なものではなく、故郷から距離を置いた者が改めて見つめ直したときに生まれてくるものだからである。それは、固有の形の発見と言い換えても良いかもしれない。ましてや、そうした固有の唄は危機に瀕しているとの認識がなされていた。「小学唱歌が津々浦々に聞かれるやうになれば、おのづと滅びてしまう」と述べられているとおり、学校という場を媒介にして普及している全国共通の唱歌によって失われつつあるとなれば、その想いはいっそう強く感じられたはずである。

しみこむ都市的感性

しかし、そうした郷愁の念は、決して故郷へ森口を引き戻す力とはなり得なかった。もはや故郷では生きていける存在ではなくなってしまっていたと認識していたからである。「それはまた単に心の上でのことだけではなく、生理的にもすでに私どもは紛乱したる東西文明の混血児になってしまってゐるのだ」とあるように精神的にも感性的にも都市的なものが半身を形成してしまっていると考えていた。では、都市的な感性とは一体何か。

森口は、大正九年に『異端の画家』（日本美術学院）を刊行している。そこでは、ビアズリ、ロップス、ロートレック、ムンク、ホイッスラー、未来派、カンデンスキーのような〝異端の画家〟たちが扱われている。『早稲田文学』などに掲載した評論を一冊にまとめたものである。「異端」を扱っていることからもわかるように、それは近代ブルジョワが作り上げた表の美を扱ったものではないことが知れる。この中には未来派のような二十世紀の者たちからビアズリたちのような十九世紀の者たちまでが扱われているが、十九世紀の画家たちに対してはその身に寄り添うように論じているような印象を受ける。『異端の画家』の序文には次のような表現が見える。

森口多里が著した書籍『異端の画家』の扉

西欧の先人の記述によって得たビアズリに関する客観的事実は、私に貴い暗示を与へてくれた、しかし、それらの客観的事実を綜合して一個独自の芸術家を描き出しているのは、私自身の主観にほかならない。ここに於て、ビアズリは寧ろ私自身である。私自身の生活の告白である。

ビアズリの感性は、森口自身の感性そのものとなっていたのである。十九世紀には異端であった感性は二十世紀の都市にあっては普通に暮らしている多くの者たちに共有されるまでになっていた。この場合、都市とは「都市の誇示的なそして幻惑的な粉飾はすべて科学的近代文明が生んだ形象であり、また雰囲気でもある」とあるように近代文明の落とし子として位置づけられている。東京においてもっとも都市らしい風景として森口が思い浮かべていたのは浅草だったかもしれない。なにしろモンマルトルを「浅草を極端にしたような」街と述べているのである。留学をしていない森口にとってモンマルトルは浅草の延長線上にあるものとして幻視されていたのである。

では、その都市でビアズリはどのような感性を持ち得ていたのであろうか。

ビアズリの憂鬱もまた孤寂な霊の彷徨に伴ったものであった。彼の鋭い自己批判は、霊と肉との醜い不調和を見のがすことが出来なかった。彼は、因襲の美に対して無感覚であると共に、現実の醜に対しては敏感であり、神に対しては不信であった、しかもそれなればこそ尚更彼もまた一日も酣酔なくしては居られなかったのであるが、その酣酔は容易に彼に与えられなかった。（「悪魔主義の画家」）

「因襲の美」とある。今まで美しいと感じられたものが美しいと感じられなくなる。その背後にはやはり堅固な秩序の崩壊があると見られている。森口はビアズリを理解する補助線としてボードレールを引き合いに出しているが、ボードレール出現の前提として近代になって人々が解放されたことにより、「霊に対する穏和な束縛もない代りに安定の境もない」状態に陥ってしまったことをあげている。安定した美の根拠が失われたとき、過去からの継続は因襲としか見えない。その果てに見いだされたのが「官能の怪奇な愉楽を作り出して、そこに霊の安定」を得ようとする立場であったとするのである。荒々しく神経を逆なでするようなもののなかに美が見いだされていく。しかし、それは安易に堕落とは言ってはならないとする。ビアズリには「実生活のすべての方面に於て、透徹な理知の批判」があり、独自の美意識に支えられた美的空間を作り出そうとしていたからである。

都市と自然

では、異端の美的空間の特徴とは何か。

彼「ビアズリ」はボードレールと同じく、心中の愁訴を自然そのものに捧げて心を慰め得る人ではなかった。彼もまた都府の子である。

自然の不在、それこそが特徴であるとされる。美しくたたずむ自然の光景に癒されない心。徹頭徹尾、人工空間に囲まれている都市にこそ彼らの生きる場所があったのである。

しかし、本当に都市と自然なるものは無関係であるのか。そうした問いの中に見いだされたのが、ロートレックであった。ロートレックは、好んで踊子を描いたことで知られている。踊子たちは「人工の粉飾の甚だしい雰囲気の中を泳いでゐる卑俗と無智と獣性」の象徴に他ならない。その姿は「美しい幻影」ではなく「『自然』そのもの」であったとされる（「ロートレク」）。考えてみれば、ノスタルジックな田園風景とは本当の自然であるとは言い難かった。それこそ都市の側からまなざされ、作られた自然であった。本当の自然とは荒々しく時には人に対して牙をむいてきた。もし、そうであるならば慰安の対象として描かれたり思い描かれた自然とは幻影に他ならない。逆にロートレックの踊子こそが、本当の自然なるものだったのである。そして、そうした感性を持って自然を描いたとき、それまでとは全く異なる自然が描かれるようになるだろう。ムンクはそうした自然に恐怖した光景を描き尽くした画家であるとされている（「恐怖のムンク」）。とにかく、都市生活の実相に迫ろうとしたとき、人工空間の彼方に自然が現れてくると森口は異端の画家たちの仕事を見つめる中で考えていた。言い換えれば、農村にいようが、都市にいようが、自然なるものにつながることができるとの把握がなされていたのである。

しかし、現れ方はよほど違っていたのも事実だった。農村から見たとき、都市の姿は悪徳の巣窟であり、悪魔的にさえ見えるものであったのである。昼に対する夜、清潔に対する頽廃。そうしたものの中にも美を感じられるのが都市的感性だったのである。そうした感性に半身が侵されていることを知ったとき、もはや故郷で生活できない自分を発見したのである。

先達者佐々木喜善

そうとはいえ、郷愁の想いはときおり、もう片方の半身を締め付けることもあったのである。そうしたときに「民俗」の世界が魅力あるものとして迫ってきたのではないだろうか。「郷人炉話」の中で「こんな取りとめもない話を書き散らして居れば、斯うして幾分でも慰めることが出来るといふものだ」との発言がある。やはり、「民俗」への旅はノスタルジックな想いが出発点にあったのだ。しかし、それには導き手が必要だった。その役割を果たしたのが佐々木喜善であった。やがて、森口は郷里の昔話を集めようとするが、それについては後年、次のように述べている。

> 佐々木喜善氏の昔話採集は口承から直接筆録への方法と成果とに人びとを引きつけた。県人は郷土研究の新しい分野を鼓吹された。在郷の森口も『江刺郡昔話』に魅され、関東大震災前に水沢町近辺の口承昔話を、博文館の雑誌『太陽』に寄せ、それが、大正十五年小冊子の『黄金の馬』として滞欧中に刊行された。(『日本民俗大系一一』)

前を行く佐々木喜善の姿を見て、美術批評や建築雑誌の編集の傍ら民俗的世界に少しずつ首を突っ込むようになっていったのである。

ところで、佐々木喜善といえば、『遠野物語』の成立に大きな役割を果たしたことで知られている。以前は、明治四十三年に刊行された『遠野物語』の誕生を以て民俗学の成立と単純に考えられていたが、現在では米を日本文化の中心として据えるようになっていく大正末から昭和初期に成立したと考えられるようになってきている(赤坂憲雄『山の精神史』)。逆に言えば、そうした形に柳田民俗学が固まっていくまではさまざまな可能性を「民俗学」は持っていたのであり、喜善の活動もその一つに他ならなかった。明治末、遠野に帰郷した佐々木であったが、『遠野物語』以後も喜善は昔話の採集に精を出し座敷ワラシなどについて『郷土研究』に発表したりしている。大正十一年には『江刺郡昔話』が刊行されるが、それは画期的な昔話集であったとされている。それまでは文献古記録と民間の話を混同してきたが、『江刺郡昔話』はすべて聞き取りによる話を記録したものだったからである。また、ジャンルに分け、番号を振り、話に題を付けるなど検索ができるような工夫も行っており、試行錯誤を繰り返しながら資料集としての体裁を整えていく努力が払われているのである（石井正己「日本のグリム・佐々木喜善」『遠野市立博物館第四十九回特別展　日本のグリム・佐々木喜善』展示図録）（巻末資料2）。このように当時の喜善は、遠野の周辺地域を歩き回り、その地に根ざした昔話の採集に努めていた。もともと文学者志望であった喜善が、柳田との出会いによって昔話採集の道に戸惑いながらも進んでいったことはよく知られている。だから、採集の果てに何をつかみ取ろうとしたのか、佐々木民俗学なるものが構想されていたかどうかは不明であるが、ともかく採集者に徹し、話を集めている喜善の姿があったのである。

喜善との交流

そうした喜善と森口がいつ交流を始めたかは正確にはわからない。残存する『佐々木喜善日記』も欠落部分があり、交流の始まった可能性の高い大正初年についても欠落が多い。管見では『佐々木喜善日記』に森口が現れるのは大正六年八月二十二日の項である。

森口多里君カラ手紙ガ来タ。決シテ悪クナイ内容デアル。先ズハヨイ手紙デアル。感謝スル。

手紙の内容はわからないが、すでに交流が始まっているのがわかる。この後も手紙のやりとりを通じて交流は続いていく。森口からはその他に自らが関係していた『建築評論』『新住宅』が定期的に送られたり、自著である『美を味わふ心』が送られたりもしている。また、「『新住宅』が来る。余のザシキワラシの短評有」（大正八年六月七日）、「森口君カラタヨリアリ。余ノ古イ手紙ヲ『新住宅』ニ掲載セシト云フ断リ状ナリ」（大正十年一月十日）とあるように喜善の原稿を掲載しようともしていたのである。

これに対して喜善から森口にもたらされたものもある。例えば、森口が言う「抒情刺繍」である。それは岩手県遠野地方であった風習で、農村の娘が自分の想いを込めた歌を手拭に刺繍したものであった。例えば、縫いつけた歌は「恋にこがれてかけたる橋を／君さまさい渡らなかったら／たれが渡るべ」というものだった。これは美術的価値はないが民俗的価値からどうしても実物を手に入れてくれるように森口が喜善に懇願したのである。しかし、入手は困難を極めた。

しかしこの一本を手に入れるのには、佐々木君もかなり苦心したらしい、民俗学研究家の佐々木君と雖も、田園の娘から自発的にこの恋の手拭を送られるほどの幸運児ではなかったと見えて、私のためにわざわざ心当たりを探してくれたのであった。ところが、娘の方ではもともと処女の胸の奥の情炎を籠めて秘かに針を運んだものであるから、思ひがけない異性の求めに応じておいそれと取出すわけにはいかない。彼女のかけて橋を渡る者はひとりしかないのだ。（中略）すると大正十一年の五月中旬になって遠野郷の友人は、漸く目的を達したといふので、手紙を添へて実物を送ってくれた。
（「農村の抒情刺繍」『民俗と芸術』）

どういう経緯で森口が手拭の存在を知ったかはわからないが、東京にいて「民具」を入手するのが困難な森口に代わって喜善が入手に奔走している姿がよくわかる。

また、二人で共通のテーマについて分担して調査をすることもあった。ランプ以前の照明器具についての共同調査がそれである。ランプという文明の利器が使われる以前、東北の農村において使用された「行燈以外更に一層簡素なる燈器」について水沢周辺を森口が、遠野周辺を喜善が調査を行ったのである。喜善というと伝承と昔話ばかりに関心があったような印象があるが、森口の側から見たとき意外な一面が浮かび上がってくる。その結果、松木や松脂、竹木といった燃える木を使用した素朴な照明器具の存在が浮かび上がってきている（「洋燈使用以前の屋内燈器」『民俗と芸術』）。ここにも失われていく古い形へのノスタルジックなまなざしが感じ取れるかもしれない。しかし、照明器具を調査する理由は明らかにされていない。ただ、他地域での調査を願っていることから、とにかく名もなき人々が使い続けた失われていくモノを集積することで日本文化について新しい発見がなされる可能性を考えていたかもしれない。

しかし、二人の交流で最も大きなものは伝承についてのやりとりであった。というより喜善を中心として伝承についての情報ネットワークが作られていた。震災前の喜善の関心はオシラサマや座敷ワラシであったが、いかに喜善であっても東北全体の伝承を一人で調べられはしなかった。そんなときは協力してく

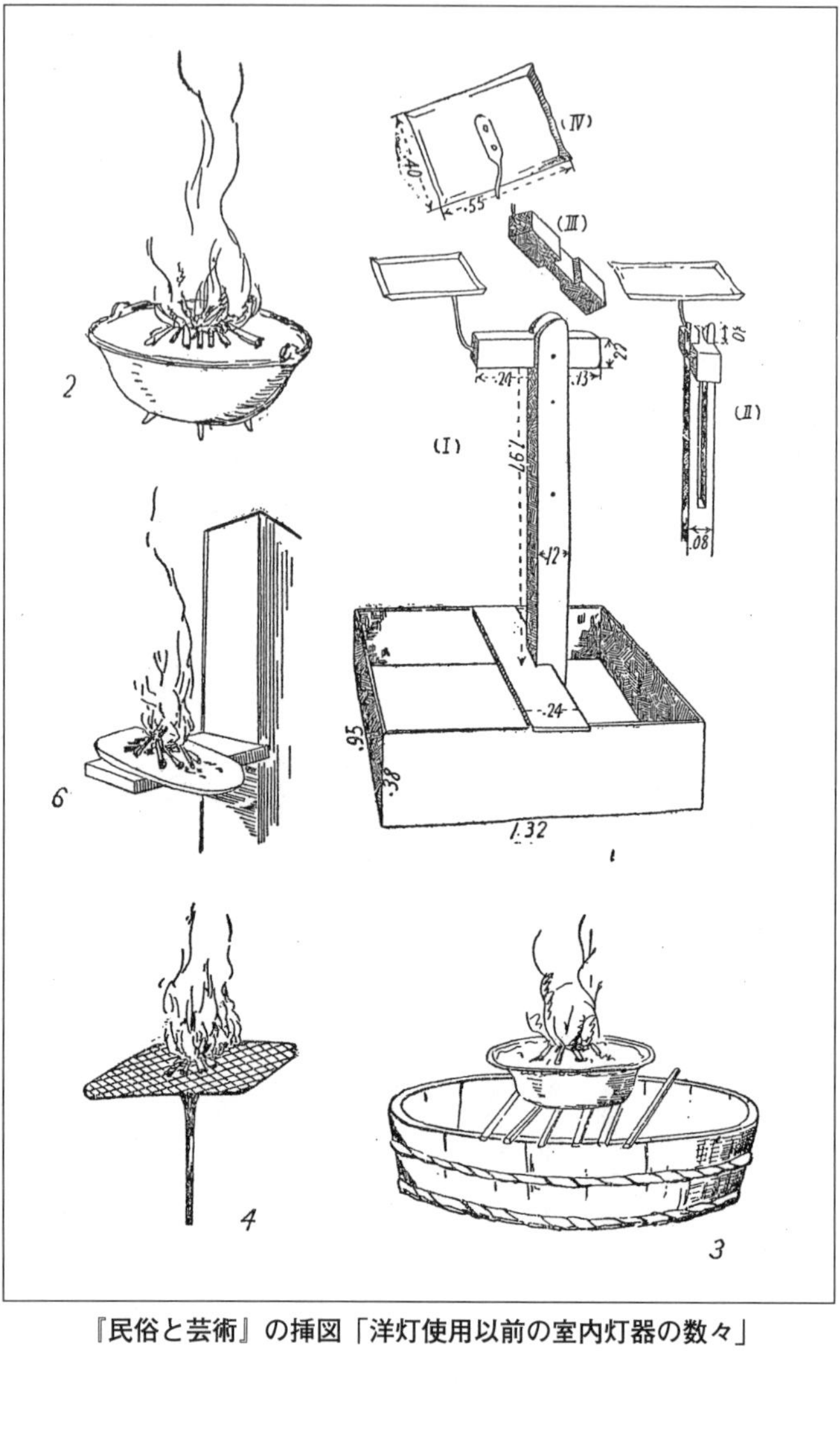

『民俗と芸術』の挿図「洋灯使用以前の室内灯器の数々」

れる仲間たちの情報をあてにしたのである。

・［森口によると］オシラ神ハ水沢辺ニハナキ由也

（『日記』大正八年一月三日）

・森口多里君から封書が来る。其他ザシキワラシに関しての返信か六通来たが、何れも良き材料がないようである。不思議なことには秋田、福島地方には無いとは妙である。渋谷石子氏にも右に関して問ひ合わせ状を出した。

（『日記』大正八年二月一日）

問い合わせとそれに対する回答。それを見ての新たな問いの湧出。その繰り返しの中に喜善の思考が作り上げられていったと推測される。

そして、もう一つが昔話の提供である。喜善の昔話採集は一人のよき話し手からとことん聞き取るというものであったが、一方では広範な地域からの情報を必要としていた。特に森口の郷里である水沢は、最初に刊行した江刺と隣りあっており、興味をそそられた地域と思われる。そこには比較する目があったと言って良いであろう。同じ根をもった昔話が隣接する地域ではどのように異なった語りとなっているのか。大きな一つの原型の物語を見いだす指向性がこの時期にあったかはわからないが、微細な異同に注がれるまなざしは読みとることができるのではないだろうか。そうしたやりとりが明確に見えるのは大正十一年である。

・森口君から胆澤の昔話を八十集めたが、やってもよいといふやうな親切な状がくる

（『日記』十月一日）

・森口多里君に昔話の資料を見せてくれる様にとの手紙を出す。（『日記』十月二日）
・森口君からよき手紙が来る。（『日記』十月十日）
・森口君と千葉丈助君から胆澤郡昔話の資料について手紙来る。（『日記』十月二十四日）

確かに森口は水沢という限られた地域についてであるが「民俗」に関わり始めていた。その多くが喜善の伴奏者との側面もあったが、故郷との関わりを断ち切らない都市人とのスタンスをよろめきながらであるが確立していったのである。

フォークロアをめぐる柳田と南方の対立

ところで、明治の終わりから大正初期にかけて民俗学をめぐる激しい論争があったことはよく知られている。言うまでもなく、柳田国男と南方熊楠の論争である。当時、民俗学という言葉に統一されておらず、土俗学など「民俗」的なものを対象とした学問にはさまざまな呼称があった。しかし、それらは時系列に並べられるものではなく、明治末年においてもすでに民俗学との呼ばれ方は存在していたのである。では、二人の争点はどこにあったのであろうか。まず、確認できるのは民俗学の領域については、ほとんど一致していたということである。南方はフォークロアが対象とするものを「英国にて学者がフォークロールの範囲内とする事項」として語っている。

第一　信仰と風習

（A）迷信、迷習　（a）天然現象および不生物界に関するもの（b）草木に関するもの（c）動物に関するもの。（d）幽霊および魑魅（後略）

第二　話伝、言句

第三　巧芸

（「南方熊楠から柳田国男へ」明治四十五年二月十一日『柳田国男・南方熊楠往復書簡集　下』）

そして、これに対して柳田は反論をした形跡はない。そればかりか、やがて南方に民俗学入門を書いてくれるように依頼をするほど信頼していたのである。対立は現象的には刊行されていた『郷土研究』の性格をめぐってであった。柳田は、生まれて間もない学問をより広範な人たちに知ってもらうための啓蒙的な意味合いを『郷土研究』に求めていた。だから、南方に対してできるだけ易しく短く書いてくれるように依頼しているのである。具体的な読者層としては「田舎の教員のごとき程度」が想定されていた。

それに対する南方の反論は、一つの題目でも何十頁もかけなければ言い尽くせないものがあるといった、取りようによっては子供じみたものであった。しかし、それは南方が厳密な学術雑誌であることを構想していたことを意味する。

小生は、民俗とか神話とかいうものは仮想や詩想や寓意に出でしものにあらず、その当時の理想や実験説をのべたもので、ラジウムの発見がなかりし世の化学者は諸元素は不変のものと固く信じ、米国南北軍のとき北軍は黒人も白人も同祖と信ずれば南軍は異源のものと信じたるごとく、これも分からぬ、あれも分からぬとはすまぬゆえ、実際分からぬなりに分かったつもりで述べたもの行ったものが、古語、伝説、民俗という見様を主張す。

（「南方熊楠から柳田国男へ」大正三年四月十四日『書簡集　下』）

南方にとって民俗学とは、そこに生活している人々が生きる中で、彼らが住む世界を理解するためにたどり着いた必死の科学に他ならなかった。決して、夢想や迷妄などではなかったのである。民俗を理解することが社会の心臓部を理解するために不可欠のものと考えたのである。だから、『郷土研究』を気楽な啓蒙雑誌でよいと考えている柳田には我慢がならなかったのであろう。『郷土研究』の叙述法を巡る対立は生まれつつあった民俗学の方向を巡る極めて本質的な対立であったのである。その点、南方からすれば、柳田には民俗学に対する覚悟が足らないように見えた。確かに、当時の柳田は自分たちのしていることを「道楽」と位置づけている。「ルーラル・エコノミー」の翻訳についても「農民生活誌」と訳すことが妥当であるとしていた。社会の中心にある経済制度や政治制度の周辺に位置する柔らかい文化の層。そこに民俗の位置する場所があると考えていたのである。言い換えれば、社会の深部に届くような学問とはまだ理解されていなかったと言えるかもしれない。逆にだからこそ、民俗社会に生きる人々が生み出した豊かな詩的想像力の世界として柔らかに受け止めることができたのである。まだ、そこには日本民俗学も柳田民俗学もなかった。日本列島に伝わるさまざまなカケラを寄せ集めることで、何が見えてくるのかを模索する試行錯誤の時期だったのである。そうしたはらまれてくる民俗学の中にあって喜善も森口もカケラを集めている一人であったといえるのである。

近代化の中の民俗行事

このように「民俗学」の目的についてはさまざまな意見があった。しかし、近代化の中で民俗行事などのような位置に置かれていたのであろうか。盆踊りについて天野藤男は次のように述べている。

然るに此野趣津々たる盆踊は禁止せられて了った。野趣溢れて却って風紀の上に、害を醸したものか、乃至は盆踊唱歌が悪かったのか、将又事情も十分に調査せず、早合点の結果、之を禁止したのか、知らぬが、何れにしても、爾来お家断絶といふ姿となり、今では僅かに昔を偲んで、三五人型ばかりの舞踊を行ふ所あるに過ぎず。

（『農村と娯楽』落陽堂、大正二年）

この書物の序文には、新渡戸稲造や横井時敬の名が見えている。問題意識の中心には農村青年の向都離村状況の進行をいかに食い止めるかがあった。なぜ、人々は都市に向かうのか。答えの一つとして農村における娯楽の少なさがあげられている。盆踊りは少ない娯楽の中で盛大な行事だったのである。しかし、当局は、これを風紀上の理由から禁止する方針をとっていた。文明開化的思考は、農村で続けられている民俗行事を野蛮な時代遅れの行事として取り締まっていくのが妥当であると考えたのである。これに対して、天野は農村が国家の根本であるとの大前提に立って、祖先崇拝・親孝行の美風を守るためにも、農村の活性化のためにも盆踊りの重要性を唱えたのであった。このように欧化を第一と考える官僚たちの目から見れば、民俗行事などは前代を引きずっている残滓であった。よって、それらは滅んでしまおうとなんの痛みも感じはしなかったのである。

社会変容の深度

そのような状況の中、大正九年、柳田は東北へと旅立つ。その旅行記は「豆手帳から」として『東京朝日新聞』に連載された。ところが、刊本ではこの旅行記は『雪国の春』に入れられている。『雪国の春』といえば、イネを中心とした柳田民俗学の出発点ととらえられている作品（赤坂憲雄『山の精神史』）であり、その磁場の中に「豆手帳から」も組み込まれて読まれてしまいがちである。しかし、繰り返すが、旅は大正九年なのであり、その時代に置き戻して読まれる必要があるように思われる。『雪国の春』と親和性を持つのは東北地方をもの悲しく描こうとしている項目である。出稼ぎに出た女性が郷里に帰ってきても受け入れられてもらえず、多くは病を得て家の隅に追いやられているのを描いた「失業者の帰農」や、馬車にひかれてしまう子供などについて語った「子供の眼」などがそれである。

小学校を出たばかりかと思う小さな馬方が、綱を手にしたまま転んだと見た時には、もうその車の輪が一つ、ちょうど腹の上を軋って過ぎた。（中略）とにかく病院に連れて行かれてその時は助かったが、ただの一瞬間の子供の眼の色には、人の一大事に関する無数の疑問と断定とがあった。

この「子供の眼」の一文などはかっと見開いたであろう子供の眼が浮かんできそうな痛切なものである。

などて日本の農は貧なりやとの経世済民につながるようなたたずまいがここにはある。

しかし、「豆手帳から」は、そのような内容ばかりではないのである。仙台では仙台語の美しさと周辺地域への影響力を賛美し、方言矯正政策を小馬鹿にしている（「仙台方言集」）。ここで強調されているのは文化の多様性であろう。方言とはその地に生えてきたような言葉であり、決してないがしろに扱ってよいものではなかった。標準語は「まるで日本語を稽古してきた外国人のような感」であるとして、その非人間性に対して嫌悪感を表明していたのである。柳田にとって本当に保存しておくべきであったのは顕彰碑に刻まれているような大文字の歴史についてではなく、今、保存しておかなければ誰にも聞き届けられることなく消滅していってしまうであろう昔話のようなものであった。そのことが喜善の名をあげつつ、書かれていたのである（「古的保存」）。

そのような心配は杞憂ではなかった。「豆手帳から」の真骨頂は、東北地方の社会変動を生き生きと描き出したところにあるように思われる。それは美しい姿ばかりをしているとは限らなかった。小作人が土地持ち百姓になろうとしている滑稽な様（「田地売立」）や美しい町並みが壊れてしまっていくことを嘆いているのはその典型である。

家並に定まった一つの型があって、相持ちに揃いの見事さを保たしめる原因には、もちろん第一に屋敷割渡しその他の行政上の制限、第二には大工の流儀の固定ということを算えなければならぬが、この二者以外にさらに隠れたる一条件があったはずである。それは平たく申せば多勢の力である。（中略）金持の気ままは今の町ではたいてい通っている。ひとり祭礼の衣裳や花笠提灯ばかりではない。ただ一軒の店が道へ突き出してショウウインドウでも作れば、百千の家の前の雁木が無益になってしまう。
（「町を作る人」）

他の者と同じであろうとするのではなく、突出しようとする指向性。変動の源は貨幣であり、資本主義であることを柳田は知っていたであろう。なればこそ、新しい波は止めがたいことも知っていたはずである。共同性の喪失は個人化の姿をまとって現れるであろう。高燈籠が消えて一軒ごとの軒先の切子燈籠となったことは、その象徴として見られている（「鴉住居の事」）。差異化、個人化が大正中期の東北でも起こっていたのである。だからこそ、小山内の漁村で音もないままに夜通し踊る盆踊りを幻であるかに見て、その結集性に感心していたのではないだろうか（「魂の月夜」）。

このような社会変動の波に東北地方も晒されていくとき、「民俗学」の存在意義がふうと立ち上ってくる。例えば、オシラサマ調査をある村長から否定的に言われた時などに見ることができよう。

ああ村長さん、何のためにもならぬ学問に、我々は執着しているのです。それは我々の道楽であるとしても、村の人の方でも諦められぬ過去、見究められぬ将来のある限り、つまりは人間の盲目のある限り、おかみんの弓とオシラはそっとしておかれたらどうです。少なくともお互いの眼が、「あきら」の眼のように清く澄むまで。
（「おかみんの話」）

すべての人間が人間らしく生きられるようになるための民俗学。そうしたものとして民俗学のレーゾン・デートルが立ち上ってきていたのである。

柳田に多くの紙幅を割いてしまったが、実は森口はこの連載を楽しみにしていた一人であった。もちろん、当時の森口に柳田との接点はないが、一読者として「豆手帳から」を待っていたのである。そして、記事への愛着は、それをスクラップにしておいたことに現れている（「笑顔のカマガミ」『森口多里論集民俗篇』）。記事をどう読んだかはわからないが、変貌していく東北の姿を興味深く見ていたのではないかと思われる。それというのも、やはり東京にいて社会に変容が起こっていることに気づきだしていたからである。森口が、先ず感じたのは今まで人々の常識を形作っていた境界の融解であった。ここでも、森口は自分自身の感じ方を例に出しながら議論を進めていっているが、彼が毒婦や女賊に魅力を感じてしまうことが取り上げられている。

此のやうな美を喜ぶ嗜感は、悪魔的でもあり、病的でもあり、或は世紀末的であるかも知れない。しかし、現代に生活してゐる者の偽らない嗜感を標準とするならば、男性美、女性美の区別を「勇壮」とか「優美」とかいふ在来の概念によって一刀両断することは誤って居る。

（「世紀末的嗜感であらうか」『日本評論』大正六年一月）

従来であったら男性がやるべき役割を女性がおこなっていることについて美を感じる。今まで誰もが当たり前だと考えていた男らしさ／女らしさという価値体系が崩れてしまっていく雰囲気が世を覆っていくように感じていたのである。

しかし、森口は、このような古い価値体系が崩れていくことについて悪しきことばかりとは考えていなかった。森口は、従来の男らしさ／女らしさの区分の裏には男性の女性に対する優位が隠されているとしていた。そして、それは改廃されなければならなかったのである。それ故、大正中期に男女共学に交わされた論議や流行してきた社交ダンスや断髪についての行方に、関心を持たずにはいられなかったのである。たった一つのポイントは男性と女性が場を一つにすることで「『共存』の観念を発酵」させられるか否かにかかっていた。

[西洋舞踊は] 彼女をして、多くの男性の前に、何ものにも囚はれざる女性の真の魅力を高調せしめよ、そして男性はその魅力のインスピレーションに触れることによって、女性に対する伝統的観念から離脱して彼女との真の「共存」を感じるであろう。

（「男女共学・西洋舞踊・及び断髪」『東方時論』大正十一年六月）

「支配」から「共存」へ。男／女の区分の向こう側に人間という地平が広がっていくことが期待されていたのである。

そして、この変容の様子は、文明開化期と比較しつつ考えられているが、開化期が開明官僚のごり押しであったのに対し、大正期の変容の特徴は生活感情のレベルまでに達しているということであった。牛鍋は人々の生活の中にしっかりと定着していたのであった。そうした社会の底辺にまで「欧化」が染み渡っている様から真の変容が起こっていると見られていたのである。社会はうなりをあげて進み出していた。

それを森口は、動的生活と呼んでいるが、そうした気ぜわしい人々が絶えず動いてやまない社会がやってきたとき、従来の日本歌謡も人々の心に届かなくなってしまったとする。新しい感性に適合するかのように「今や東京市全体にカルメンの曲が漲りあふれる」ようになってきたのである。このように森口は維新以来の時間の流れの中で、社会が折れ曲がる時期にやってきていることをひしひしと感じていた。しかし、それはあくまでも感性の次元で、例えば男女の新しい区分法が人間という地平にたどり着けるかどうかはわからなかったのである。とりあえず、善悪をふくめた旧価値体系が動揺を来たし、過渡期に入ってきているという点では柳田と意見を一にしていたのである。

日本文化生成へのまなざし

ここでもう一度話を元に戻すと、大きな社会変動の渦中にあり、やがて新しい価値体系をもった日本社会の到来を予感していた森口が、どうして民俗的事象に多くの時間を割くようになったのであろうか。言い換えれば、近代世界と民俗世界を等価に見られる位置をどうして獲得するようにできるようになったのであろうか。

大正三年に森口は林田との共著で『日本美術史』を刊行しているが、そこでの日本文化のとらえ方には特徴がある。評価が高いのは、外来文化が流入してきたのに対し、それを咀嚼し自らの文化を生み出した時代である。天平文化や安土桃山時代がそれにあたる。それに対し、平安時代や江戸時代のように殻に閉じこもったかのように見える時代の評価は低いのである。それは、実際の美術鑑賞にも現れている。森口は一関中学以来、なんども平泉に行っているはずであるが、平泉文化に対しての評価は必ずしも高くない。それに対して東和町の兜跋毘沙門天には高い評価が与えられている。理由は、外からやってきた高度な文化である仏教と東和町の郷土性が相まったところに毘沙門天が生まれたからだとされる。つまり、森口らが日本美術なり、日本文化を考えるとき、自己完結性というのは最初から信じられていないか、軽視されている。あるのは日本文化の種だけであった。その種が力一杯に花開くためにはさまざまな刺激が必要であるとされたのである。それは温室の中でなく、広々とした大地の下でこそ起りうることだった。外国から流入した文化との相克の果てに調和が生まれたときに瑞々しい日本文化となるとされていたのである。

そのような観点に立ったとき、当時の農民美術運動は全く不十分だった。とりあえずロシアの大きな影響を受けているとされる。そして、それだけだった。日本の農民美術とは日本に生きる農民の生活の中から生み出されてこなければならなかったのにである。農民美術とは農民が作る美術品ではなくて、農民の美意識から立ち上るものでなくてはならなくてはならなかった。そして、ここでも農民文化の自己完結性に対して疑義が挟まれている。農民文化とは土との対話から生み出されてきた素朴なものと言い切ってしまってよいのか、と。森口は、農民美術といわれているものの多くが案外新しい歴史しか持っておらず、上層文化の影響を受けているものが多いと考えていた。それならば、ロシアの文化ならロシアの文化とぶつかり合わせてみればいい。そのぶつかり合いの中から新しい農民美術が生まれてくるとの確信があった

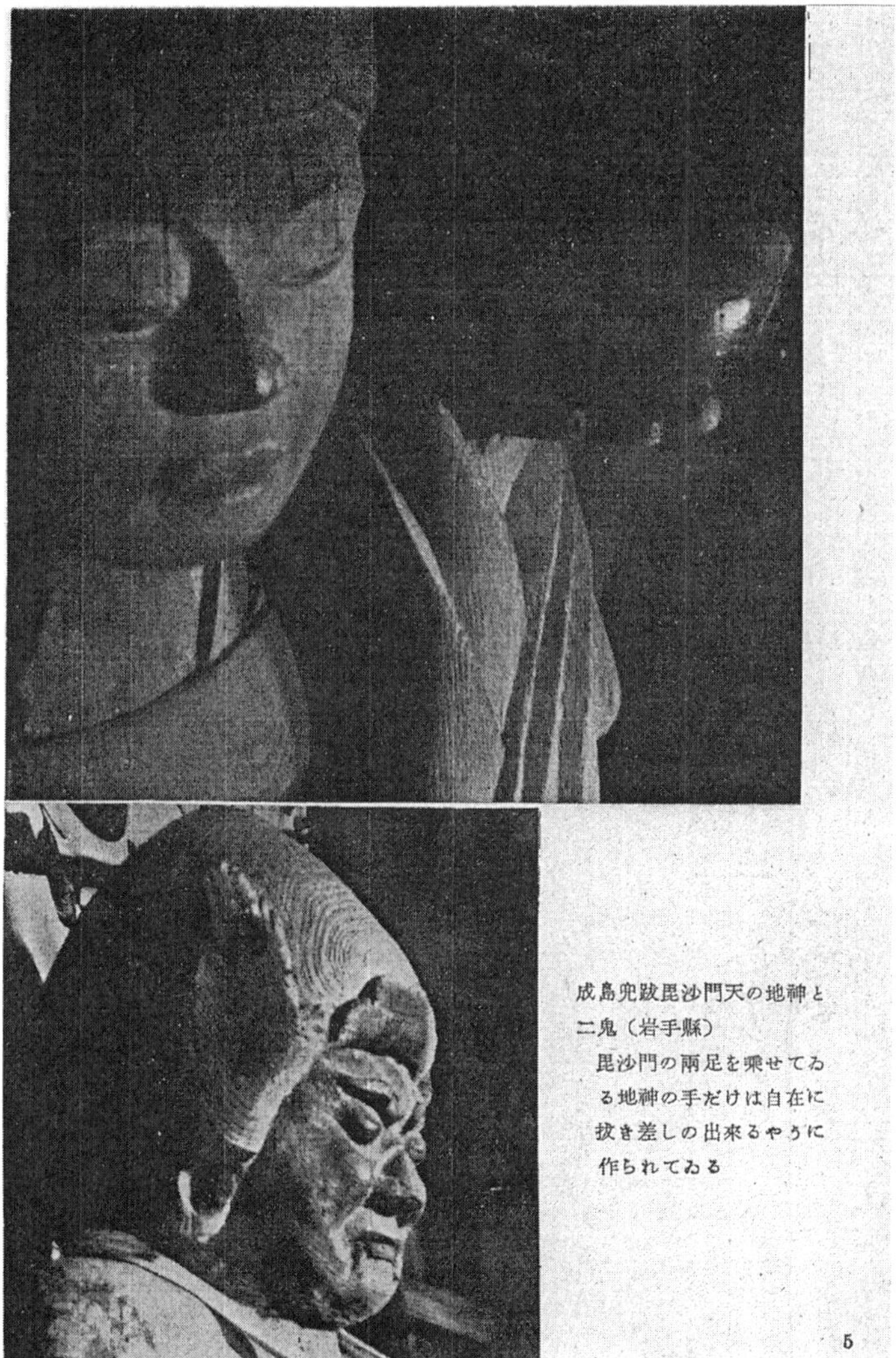

成島兜跋毘沙門天の地神と二鬼（岩手縣）

毘沙門の兩足を乘せてゐる地神の手だけは自在に拔き差しの出來るやうに作られてゐる

5

森口が兜跋毘沙門天の写真（下）で構成した『民俗と芸術』の1頁

のである。農民美術ではないが、松江で壺を見せられた森口はその美しい曲線に圧倒される。名も無き陶工が作り上げた曲線の美しさは個性を叫んで新しい美を創出したと息巻いている近代の芸術家には到底たどり着けない地点にあった。惜しいのは現在の芸術家たちがその曲線を受け継ぎ、新しい美として生み出そうとしないことであった。農民たちも美しい種をたくさん持っていた。それを花開かせるための営為がもっと必要であったのである。

舞踊とディオニソス的精神

それにしても美しい種とは何であろうか。森口が考えたのは、リズミカルに律動するエネルギー体であったと思われる。「芸術の要諦は思想を語ることではない。律動を伝へることである」との発言はすでに大正六年になされている（「舞踊の律感」『日本評論』大正六年三号）。この言葉には近代文化への批判が含まれている。意味や思想的背景を重要な要素とし、分析的知に奥義を見ようとする近代的理性の彼方に芸術の本質があると考えていたのである。それは、セザンヌの果たした役割として語られている。印象派が「分析的芸術」に堕してしまったのをセザンヌが絵画に「尊い普遍的律動を漲らせる」ことで「自然を高い意識的存在に転生」せしめることで芸術としての絵画を救ったとするのである。そして、分析的知に対置されるのが「生の律動」であり、それを最も直裁的に現わすものとされたのが舞踊だったのである。

即ち雑駁紛紜な人間生活の或る姿を採り来って、其れをば普遍的律動《ユニヴァーサルリズム》の象徴として表現するのである。

それは流転の生活の裡に恒久の生活をみいだすことである。低い意識的存在を高い意識的存在に転生せしめることである。自然万象の律感の体現を理想とするイサドラ・ダンカンや、アンナ・バヴロヴァ乃至ニジンスキーの舞曲も、其の目的とするところは此処にあるであらう。（中略）我々は乞食の振舞を唯だ物質的に意識しただけだ。然るに其れが舞踊化されると、単なる街上の乞食の振舞も、尊い普遍的律動の一つの体現として感得されるのである。

森口は、師である島村抱月の影響で多くの舞台を見ていたようである。その観察の中から舞踊の生み出す律動感やそれによって呼び起こされる「小さな自己を離れて聖的存在との融合感」を繰り返し繰り返し体験する中で、芸術の本質を大いなる生の律動を漲らせることとの位置に行き着いたのである。

ところで、当時の日本にはより舞踊について深く考えていた者がいた。小寺融吉である。小寺は各地の舞踊を見つつ、あるいは手紙を通じた調査を通じて日本舞踊のこれまでとこれからを真剣に考えていた。その小寺は、森口と同じ事を考えている。小寺によれば、「舞踊的歓喜」とは「人をして生活の苦を忘れさせ愚痴も不平も怨みも忘れさせて、子供のやうな無邪気な朴訥な心に返させる」ものであった。苦の忘却を出発点としているところは異なっているが、忘我の状態に導かれることにより大いなる存在との一体性を感じ、喜びに満ちあふれさせてくれるものとする点では同じだった。舞踊は、芸術的舞踊／原始的舞踊に分けられているが原始的舞踊を馬鹿にする近代人の態度に舞踊への無理解を見ている。「舞踊的歓喜」を与えてくれる点では両者は全く同価値だったのである。しかし、伝統的舞踊が滅びつつあることに対してとても強い危機感を感じていた。理由は、江戸時代に行われていた補助の打ち切りや交通機関の発達など、多数の理由が考えられているが、大きな理由の一つとして、当時の「文化生活」に適合しなくなっているとは感じられていた。その中で、後世への財産として保存しておかなければならない能や変容しても残り続けなければならない郷土芸能といったように芸能の種類によって対策は異なるものの対策自体は急務であるとされたのである。なかでも喫緊とされたのが郷土舞踊の存続だった。地方ごとの文化が元気であることで「地方はやがて特有の文化を建設」することができるからである。そのために提唱されたのが地方毎のペイジェントの設立であり、見る／見られる関係をもう一度作りあげる事によって民俗芸能の存続をはかろうとしていたのである。

森口の方も、大正八年には民俗芸能の持つ重要性に気付きだしている。日本文化とは「民族の固有の性向」と「郷土」から作られるとしているのである。大正六年時点では、進化論的発想がかいま見え、原始的舞踊からストーリーのある近代舞踊への発展が強調されていたが、その面は言われなくなり、とにかく「普遍的律動」の体現が強調されている。そして、その時の忘我の境地はニーチェの言葉を使用して「ディオニソス的」の名を以て呼ばれている。

今の吾々にとって最も慕かしいものは、個別的存在を超越して宇宙的諧調に融合し、人間と自然との差別を忘れて不可思議な麻酔に耽った古へのディオニソス的感激である。

（「原始芸術の感興」『早稲田文学』大正八年一号）

このディオニソス的精神を宿しているか否かが瑞々しい文化であるかを決定するものと考えたのである。善悪を越えてひたひたとあり続けるエネルギー体。それを変な理性によってねじ曲げることなく現すことができるか否かが問題であった。そして、民俗社会では、なかなかそれをうまくやってきていたと見られていたのである。森口の頭には郷土での鹿踊りが頭をよぎっている。

そこには、忘我的狂熱に特有な、歓喜の極点と悲痛の極点との微妙に融け合ってゐる酩酊的感激が、暗示的ではあるが、表れてゐる。そして此の感激――個体的存在が宇宙的存在と合して一体となったための感激――は、人間と自然との差別を取り除くのである。我々の祖先もまたある時には動物に仮装して踊ったのである。自己を動物に仮装したといふよりは、寧ろ自己と動物との差別を忘れたと言ふた方がよい。その一つの例が獅子踊りである。

原始芸術の中に見える芸術の本質。ディオニソス的精神の顕現こそが芸術の本質であるならば、原始芸術も現代芸術も等価であるはずであった。ここにおいて、古代ギリシャも未来派も等価に見ることのできる立脚点が獲得されているのである。そして、民俗芸能、民俗芸術もそのインデックスに加えられるのはいっこうにかまわなかった。民俗は森口にあって単なるノスタルジックな存在ではなくなっていく。立派な美の本体を有した鑑賞物としての姿を現わしてくるのである。

第七章　『黄金の馬』の周辺

『黄金の馬』の出版

『農民童話集　黄金の馬』は、大正十五年一月五日付で実業之日本社から出版された。内容は、「黄金の馬」を巻頭に置き、郷里である水沢周辺の昔話、最後に伝説である「田村麿の話」から成り立っていた。百四十九頁、十七㎝×十㎝という小さな本である。しかし、この本の作りについては森口は満足はしていなかったようである。本が出版された大正十五年と言えば、欧州留学中であり、本の制作について本人の意思を行き渡らせることができなかったからである。そもそも、『黄金の馬』は、留学の足しになるようにと師である佐藤功一が取りはからってくれたことによって出版にこぎつけられたといういきさつを持っていた。

しかし、その前提として森口が昔話の収集をしていなければ、そもそも本は作られなかったのも事実であった。収集は、長期の休暇の折りに郷里に帰ったときなされていた。収集を始めたのは大正十年前後であったと記憶されている。第一の話者は母親であった。幼少の折から聞き慣れていた話をもう一度、二度と聞き直していたことが推測される。他にも親戚筋としては沢山の話を知っていた叔母の存在があげられている。そして、それとは別に森口商店に来ていた近在の農村からの奉公人の力が大きかったようである。森口は、よき話者の条件として聞いたままを語れることを第一の条件としてあげていた。動的な近代社会にあって自分勝手に話を付け加えてしまうのではなく、ありのままを語る力は貴重なものとなっていた。それは、大正半ばの水沢も例外ではなかったのである。新しい話を好む近代的感性は水沢にもひたひたと及んでいた。そうした中で「モリ（盛夫）」「タミ」「清助」といった信頼できる話者を得た森口は三十前後のいい大人が話を聞く恥ずかしさを感じつつ、昔話を一つひとつ集めていったのである。まさしく民俗社会の最後の局面に立って採集を開始したといってよいかもしれない。昭和初期であるが、柳田は昔話が消えていく状況を憂え、収集の緊急性を訴えていた。森口は佐々木喜善のように各地に奥深く入って昔話の収集に努めたりはしなかったが、収集の困難さについては実感していたように思われる。

森口著『黄金の馬』の扉頁

佐々木喜善による触発

それにしても、なぜ、森口は、昔話の収集を行ったりしていたのであろうか。きっかけは喜善の活動に触発されてのことだったとされている。

私の採集も実は佐々木君の熱心な努力に刺戟されて少しでも余計に資料を佐々木君に提供したい考へからなされたのである。同君には「江刺郡昔話」といふ農民童話集がある。私の蒐集したのは、江刺郡に隣接して同じく陸中の国に所属する胆澤郡の農民の間に伝承されてきたものである、（後略）

（「農民が産める童話」『太陽』大正十二年七号）

たまたま喜善が江刺をフィールドとして選んだとき、それに隣接した水沢を故郷に持つ森口は、その手助けと思って昔話の収集を行い始めたのである。『江刺郡昔話』は大正十一年に発刊されているが、森口の昔話収集はそれ以前に始まっており、喜善の収集と同時並行的に行われていた可能性もある。

喜善は、柳田によって世に送り出された『遠野物語』の元になる話をしたことで知られている。遠野は、喜善の故郷であった。やがて、喜善は遠野に帰郷するが、その後は折を見て周辺地域を歩き回り、昔話の収集に励んでいたのである。喜善は理論的な発言をあまりしないため、昔話の目的についても明確に論じたりはしていない。この点について石井正己氏は「古物保存」の一貫として昔話収集がなされていたのではないかと推測している。『江刺郡昔話』のはしがきでは土の中に埋もれている「宝物」を掘り起こすために行っていると述べられている。これに対し理論的リーダーである柳田はどのように考えていたのであろうか。

昔話は後代に記憶せられんがために、特に形を整えて叙述する説話であって、その点はおそらく今一つ以前の、正式なる神話も同様であったろう。それが、今日幼児の間にばかり幽かに残っているのは、彼等の所望というよりも、むしろ彼等以外には聞き保つ人がなくなったためで、（後略）

（「昔話解説」〔『日本文学講座』一六、昭和三年四月〕文庫版『全集』八巻）

記憶されていくものとは当時の言葉で言えば「民族」の知恵とでも言うべきものであった。別の所では昔話は繰り返し語られることが特徴であると述べられていたが、それは知恵を身体にしみこませるためとされていた。柳田は、祖先が子孫に伝えるべき知恵を内蔵しているものとして昔話を位置づけていたのである。ただし、これは昭和初期のだいぶ思考が整理されてからの発言であった。柳田は柳田なりに昔話と格闘していく中で昔話の意義について一つの結論にたどり着いたのである。しかし、柳田とて『江刺郡昔話』出版時点においては明確な物言いはできなかったかもしれなかった。それは、『江刺郡昔話』という書名に決定するまでの迷走に象徴的に現されている。当時、柳田と喜善はさかんにやりとりをかわしていたが、書名については「童話」「古話」「旧話」「古伝」といった言葉が飛び交っており、どれをとるかで検討がなされている。最後に「集」をつけるかどうかさえも悩まれていたのである。結局の所、「集」をつけず、「昔話」で決着するが、それに至るまでには紆余曲折があったのである（石井正己「日本のグリム・佐々木喜善」）。それでも、昔話が何か大切なものを蔵しているという確信めいたものは持たれていた。

それがなんであるのかを探し求めつつ、収集もなされていったように思われる。言葉を換えて言えば、一人ひとりが昔話に宿されている「宝物」を探す旅に出かけなければならなかったのである。

喜善と森口の相違

それ故、同じく昔話を収集していると言っても、森口と喜善の間には「ずれ」が生じてもやむを得なかった。よく指摘されるのは喜善が共通語で文字化しているのに対して、森口が可能な限り「郷土語」を使用していたことである。隣り合った水沢と江刺ではほとんど同じ昔話もあったが、語り口はずいぶん異なっていた。例えば、鬼が豆に変身したのを和尚が食べてしまう話はそれぞれ次のように語られている。

和尚さんはそこで鬼婆に、お前は何にでもなれるさうだが、それはほんとなら豆コになってみろ、と言ふた。なれるともと鬼婆は忽ち小さな豆コに化けた。和尚さんは、その豆コをつまんで食べてしまった。

（「豆になって喰はれた鬼婆の話」『黄金の馬』）

すると小鬼は、ぱんと飛び上がって跳ねたと思ったが、ちょっと其の辺に姿が見えなくなった。だがよく気をつけて見ると、炉縁の所に、一つの芥子粒が落ちて居た。其の時和尚は、熱く熱く焼いた餅につけて、ぱくりと食ってしまった。

（「悪鬼が芥子粒となって和尚に餅をつけて食はれた話」『江刺郡昔話』）

喜善の叙述の仕方が親切で説明的であることがわかる。それにしても『江刺郡昔話』は画期的な仕事であった。すべてを聞き書きによって集められた初めての昔話集だったからである。昔話、口碑、民話の区分もなされ、各話には題もつけられていた。それは、その後も営々と行われていく収集の出発点であったと言えよう。黙々と喜善は昔話を採取し続けていく。採集された数の増えていく昔話を分類し、整理していくためには客観的な叙述の仕方の方が都合が相応しかった。まさしく昆虫採集の標本のようにして昔話の収集がなされていったのである。そして、それは柳田も是とするところであった。だから、森口の仕事は、一定の衝撃を柳田たちに与えた。柳田が、喜善あての書簡で森口のやり方はどうであろうかと問いかけているのはそのことを指していると言われている。しかし、それは決して否定的なとらえ方ではなかったように思われる。後年、絶版となっていた『黄金の馬』を増補した上で出版するのに手を貸したのは他ならない柳田であったからである。しかし、そこまでであった。喜善の叙述の方法はその後も変わらなかったからである。やはり、昔話に込められている意味合いが異なっていたのである。

卑俗のユーモア

では、森口にとって昔話はどのような意味を持ったものであったのであろうか。

農民童話の最も主要な特質は其の卑俗なユーモアにある、しかもそれは憚るところなき郷土語でもって物語られて始めて発揮されるのであって、唯だ単純な筋だけを筆録したのでは、其の九分通りの魅力を失ふのも当然のことである。

（前掲「農民が産める童話」）

郷土語で語られていることが非常に重要なものとされている。伝えられるものはユーモアであるとされているが、これは昔話が持っている雰囲気と読み替えても差し支えないように思われる。つまり、森口は一つひとつの物語の持っているアウラのようなものを伝えたいと願っていたのではないであろうか。理解し、分析するよりも昔話の持っている世界を感じとってもらうことこそが最も肝要なことであったのである。

そして、昔話の中心にはユーモアがあると解されていた。ユーモアのある話を聞いて引き起こされる感情は「笑い」である。森口は人々が快活に笑うことをとても大切なものと考えていた。だから、エレン・ケイの民衆芸術論には反論せざるを得なかった。エレン・ケイは、労働者には内的感激がないと言って彼らの生活を批判しているものと見なされている。もっと高尚な次元へと労働者を導いていく必要性を主張していたとされていたのである。（「民衆芸術」『日本詩論』大正五年九月）このような見方は森口ばかりのものとは言えなかった。同じく早稲田大学の本間久雄は苦しい生活をしている労働者が「生の享楽」をむさぼることで「蛮人」化するのを防ぐには「教養する」しかないとエレン・ケイが述べているとまとめていたのである（『早稲田文学』大正五年八月）。そういう観点からすれば、現状の労働者の笑いとは価値のない下卑た笑いとなってしまうであろう。森口に引っかかったのはその点であった。

農夫や漁夫はよく高らかに笑う。そして高らかに笑っている間は彼らは幸福である。何故といふに、固定した卑小な自己から解放されているからだ。（中略）しかるに世の中にはそのやうな声楽を持たない憐れな大人が沢山ゐる。

（前掲「男女共学、西洋舞踏、及び断髪」）

このような観点からすれば、現在の労働者の状態を全否定し、啓蒙によって異なった次元へと導いていこうとするエレン・ケイの戦略に疑問符がつけられるのは当然だった。エレン・ケイにすれば、労働者が盛り場に行くことによって生じる家庭教育でのデメリットが気がかりだった。酒に酔った後の帰宅は暴力を生じさせる可能性を高くするものだった。『児童の世紀』では身勝手な大人たちのふるまいによって子供たちがいかに萎縮し、ねじ曲げられていたかが繰り返し繰り返し語られている。しかし、だからといってケイは、狂信的な社会改革者と見られていたわけではなかった。師である島村抱月は、原田実訳『児童の世紀』（大正五年、大同館書店）の序文で「エレン・ケイの思想には、一方に婦人解放といひ自由恋愛といふやうな、固陋者流の戦慄しさうな題目が含まれてゐるとともに共の根底には道徳家の見て堅実とすべき思想が横たわってゐる」と述べて道徳家の側面を強調していた。もとより森口とて道徳の重要性については異論のあろうはずはなかった。問題は、次のステージに行くための方法だったのである。

彼等は、喧嘩でもしてゐる時か、酒に酔ってでもゐる時でなければ高らかな興奮の気持を味ふことが出来ないのです。そして、それが稍々家族的になると、安い木戸銭を払って芝居を観ることになります。ですから、民衆芸術に意を留める人々は、此の心理状態を巧みに利用するのが肝要ではないかと思ふんです。

（前掲「民衆芸術」）

森口にあって高らかな笑いとは真に生き生きとした社会を実現するために否定されるべきではなく、土台となるべきものであった。真っ向からの否定から利用へ。「何時とはなしに彼等の魂を教化する或る薬剤を甘味で包んで」提示していく迂回路をとる必要を説いていたのである。

このような意見にたどり着いたのは、根底に労働者の暮らしの苦しさに対する同情的なまなざしがあったからだと思われる。それは、幼い頃、郷里で貧しいながらも快活に働いていた人々の姿が原型としてあったかもしれない。森口は農村から出稼ぎでやってきた「山ドのおんつァん」との交流を次のように述べている。

子供達は夕方彼等の通る影を見つけると、「山ドのおんつァん」と呼びかけて物をねだった。その「物」というのは、ケラのおんつァん達が山で昼休みなどに慰みに木を彫り抜いて作ったもので、時には子供達の声に応じて「ソーレ」とそれを街路の上に抛り出して闊達に笑うこともあった。子供達はその「物」を「木ンぺのこ」と呼んだ。

子供達はまた声を揃えて囃し立てた。

山ドのおんつァん

けァけァとけァたれば

ずんだぶくれに膨れた

（前掲『町の民俗』）

ここには子供たちと異人たちのほほえましい交流が描かれている。民俗社会においても共同体の外からやってくる他者と接する中で自我が形成されていったのである。そして、それは、後年になっても森口の中には「山ドのおんつァん」の闊達な笑いが大切なものとして思い起こされたのではないだろうか。だから、『黄金の馬』に集められた昔話に内蔵されている笑いもかけがえのないものとして認識されていたはずである。それが、道徳的かどうかはさしあたっては重要ではなかった。人々が快活に笑えるかどうかが大切だったのである。

『黄金の馬』は誰に向けられていたか

ところで、「卑俗なユーモア」の紹介は誰に向かってなされたのであろうか。『黄金の馬』は、小さくて可愛い装丁であった。大きな字に総ルビで時おり挿絵も差しはさまれていたのである。そうした本の作りからすれば、子供たちに向けて発せられた公算が強い。また、それは収められている昔話の種類からも補強できるように思われる。『江刺郡昔話』と『黄金の馬』を比較したとき、内容面において相違のあることに気付かされる。それは、話者の問題であるかもしれないし、どこまで自覚的になされたかも分らないが『黄金の馬』では性的な話が一つも掲載されていないのである。『江刺郡昔話』では、亀頭の起源を始めとして猥談に属する話がいくつも収録されている。また、異人によって富がもたらされる話も少ない。あくまでも平地にあって暮らしている人と人、他の生命体とのやりとりの中で生み出された喜悲劇が集められているのである。そうした収録内容からもまずは、『黄金の馬』は子供たちに向けて発せられたのは間違いないと思われる。

しかし、子供たちばかりに向けられたとは言い切れない面もある。『黄金の馬』におさめられた話は、すでに別の雑誌・新聞に掲載されたものであったが、それは『時事新報』『太陽』といった硬派の雑誌・新聞であった。「農民が産める童話」（『太陽』大正一二年七号）には次のような一節がある。

　もともと土臭い農民生活が生んだユーモアであるから白い手の人々の嗜好に適ふやうな上品さは些少も無い。

森口作「馬鹿息子の話」の挿画
（『黄金の馬』所収）

「白い手」とは都市生活者のことをさすのであろう。当時、『太陽』では南方熊楠が『十二支考』の連載を行っていたように民俗的な記事も散見されるようになっていた。「農民が産める童話」の掲載は、そうした流れの中にあったかもしれないのである。ちなみに「農民が産める童話」の次は南方の「猪に関する伝説と民俗」が掲載されていた。それはともかく、まず、都市インテリ層にむかって放たれたことは確認できる。それにしても「白い手」との表現は、生きる力が枯渇している感を読むものに与える。人工的な都市空間に暮らすうちに漂白されかかっている者たちに対して生きる力を呼び起こさんとするために水沢の昔話は語られたのではないだろうか。そういえば、心身を強くする源としての昔話については昭和十七年の増補版の前書きではもっと直裁に語られている。

これまで読み慣れ、聞き慣れてきたお話のやうなお上品なところや、甘ったるいところや、気取ったところは、ここにはありません。譬へて言ふならば、これらの昔話は、柔らかな絹物ではなく、ごつごつした地織の木綿です。都会のカステーラの味ではなく、田舎の駄菓子の味です。

柔らかなものでなければ感じが悪いとか、お上品なものでなければ身に毒だとか、いふやうでは、皆さんはもうそれだけ身も心も弱くなっているのです。

昭和十七年という時局柄、この後に続けて小国民としての心構えが説かれたりしているので注意して読まなければならないが、昔話が宿している強靱性については大正版から変わっていない主張であるように思われる。

『赤い鳥』的世界への違和感

では、大正後期にあたって、なぜ、ごつごつした力強さを強調しつつ『黄金の馬』は提示されなければならなかったのであろうか。まず、思い浮かべられるのは『赤い鳥』への反発である。その席巻ぶりは、『早稲田文学』大正十年六月号でも特集が組まれたことからうかがわれる。

『赤い鳥』は、大正七年七月に鈴木三重吉らによって創刊されていた。そこでは、「童心」を持っている「よい子」となることが願われていたという（川原和枝『子ども観の近代』中公新書）。そうした純真で無垢な心を持った子供になるようにふさわしいお話が『赤い鳥』では用意されていたのである。中心であった三重吉は、夥しい数の話を発表し続けていた。そんなに多くの作品を生み出していたにもかかわらず、創作は一作しかなかった（桑原三郎『鈴木三重吉の童話』）。あとは、どこかの国の話を三重吉なりに語り直したものだった。話はありとあらゆるところから集められている。ヨーロッパが多いが、それればかりでなく、インドやアフリカの話も集めてきている。昔から伝えられてきたものばかりでなく、近代の創作品も三重吉の話として取り込まれている。王様から貧しい百姓まで、世界中のさまざまな者たちがエキゾティックな雰囲気を漂わせて、次から次へと提示されていたのであった。そして、壮大な物語で子供たちに夢を懐かせようとしたのである（巻末資料3）。

しかし、このような行き方に森口は不満を感じていた。決定的なのはリアリティの欠如であった。三重吉の話を読むと結構残酷なものもある。しかし、それはどこかの国のどこかの時代に起こったことであってそれを聞いた子供たちの心の深部にまで突き刺さっていかないおそれがあった。まずは、子供たちの生活する範囲の物語を聞かせる必要があったのである。『黄金の馬』には王子様も姫君も出てこない。出てくるものは「田園に於ける有触れた者たち」や「彼らの想像性の裡に嘗て生存していた鬼や山姥」に他ならなかった。数多く登場するのは、爺婆、和尚、小僧、婿嫁や動物といったさえない者たちであった（巻末資料5）。そういった者たちが共同体内、あるいは共同体と外部の接触面において繰りひろげられる必死の攻防が昔話の背骨を構成するものだったのである。森口は、そうした話を子供たちに聞かせることでザラリとした生を感じ取らせようとしたように思われる。例えば、カチカチ山の前段は今でも読む者を戦慄させる。

狸はいきなり握っていた杵を振り上げて、婆さんを上から衝いて殺してしまった、そして婆さんの肉はお汁にして食べて、その皮を剥いて自分でかぶって婆さんに化けてゐた。そこへ爺さんが町から帰ってきたので、狸の化けた婆さんは、「さァさァ狸汁を食べさせッ」とすすめた。爺さんは狸汁を食べながら、どうも味が変だと小頸を傾けた。婆さんは、爺さんが食べ終ったところを見すまして、狸の正体を現して、裏へ逃げて行きながら囃し立てた——

婆喰ってうまかった。

（「カチカチ山の発端」）

狸は、命を助けてくれようとした婆さんを容赦なく殺して爺さんに食べさせる。こうした話が民俗社会ではあたりまえのように語られていたのである。そして、この話があってこそ後段の兎の行動が残酷な復讐譚として怪しく光ってくるだろう。まさしく、生きている世界とはドロドロしていて毒々しいものであること、そして、そのありのままの世界を子供にも語る必要性を森口は感じていた。自然と生で向き合っている民俗社会では、自然や取り囲んでいる生物たちの危険さを語ることは、生存し続けていくためにも必要だったはずである。身の回りにいる動物たちは、ややもすれば子供たちの命を奪う危険な存在たり得たのである。決して、人間優位とは言い切れず、動物と人間が対等にいる世界。人間と動物が両方いて一つの世界を作り上げていた。近代が滅ぼしかかっている世界が昔話の中ではまだ息づいていた。そのリアルさは、咀嚼しやすいように仕立て直した話や、近代人のさかしらな心では、たどり着けない地平だった。この世の美しいものと醜いもの、正しいものと間違ったものの区別は、咀嚼しやすいように近代人の理性によって作り替えられた話ではなく、まるごと提示する昔話を聞くことからはらまれてくると考えられていたように思われる。

このように『黄金の馬』を通じてリアルさを感じてもらうことからはじめようとした森口は、昔話に安易な道徳的教訓を読みとることとも拒絶していた。昔話の一つの典型として模倣者の失敗があげられるが森口は次のようにコメントしている。

其の幸運を羨んで同じような機会を掴もうとする模倣者が現はれて、それがまんまと失敗するどころか大きな損害を被るといふ筋が加はることによって、日本の農民童話は更に一層興を増すのである。
（前掲「農民が産める童話」）

ここで語られているのは、失敗する模倣者は悪人ではないでないということである。成功者は善人であるが故に成功したのではなく、失敗した者は悪人であるが故に失敗したのではない。つまり、昔話には懲らしめ的な意図といった変な道徳的な顧慮などは含まれていないと考えられているのである。同様の読みとりは親の危機を救うためにサルやタニシと結婚した娘にもなされている。ややもすれば、親孝行話のカテゴリーに押し込められそうな話を異類と人間の結婚という「伝奇的興味」が第一にあったとする見解を持っていたのである。道徳や規律のための道具として昔話の持っている本当の力を見失わせてしまいかねない動きへの批判がここには含まれていると言ってよいかもしれない。森口にとって昔話とはなによりも「卑俗のユーモア」であり、「農民の創造性と機能とを絶対に自由に彼等だけの世界に解放して生み出されたもの」であった。そうした世界に触れることで生き生きとした生活を取り戻していく。そのための起爆剤として昔話は位置づけられていたのである。

第八章　パリの森口多里

パリでの暮らしの始まり

一九二三年九月一日、関東大震災が起こった。この時について森口は、次のように述べている。

関東大震災の時は浅草の松葉町に住んでいて、読売新聞の文筆家消息欄では行衛不明と報ぜられた。世間が落ち着いてから焼跡に行ってみたら、住んでいた長屋の跡はそこだけまだ空地になっていて、土を寄せて盛り上げたところに、日常わたしが使っていた針金製の状差しと胃散の空罐とが乗っていた。

（「岩手県の火の民俗」『北海道・東北地方の火の民俗』昭和五十九年）

震災で住まいは焼けてしまっていたのである。しかし、どことなくのどかな感じのするのは実際には大震災を体験していないからであろうか。震災が起きたとき、森口は水沢に帰郷しており、そこで震災が起きたことを知ったのである。震災後、佐藤功一は、耐震建築の普及を強烈に呼びかける。今もバラック装飾社を結成して実際の焼け野が原の街に分け入ったことはよく知られている。ところが、震災に対する森口のアクションは一切聞かれない。十一月には、フランス留学の旅路についてしまっていたからである。

乗船したのは香取丸。十一月二十二日、横浜を出帆している。この船には神戸で佐伯祐三らが乗り込んでおり、二人はやがて言葉を交わすようになり親密度を増してゆく。乗船中の一番の思い出は、佐伯らの提案で仮装大会を開いたとき、佐伯が黒人に扮したことだったようである。一九二四年正月四日、森口はパリへとたどり着く。最初、モンマルトルの安ホテルに拠点を構えたものの、やがてホテル・サムラールに引っ越しをし、帰国時までそこを動くことはない。ホテル・サムラールは、もともと佐伯が居を構えていたが、森口らは料理の上手な米子夫人の料理をいただくためにしばしば出入りをしていたのであった。その時から、佐伯の居を森口は気に入り、もし引っ越しをするようなことがあれば引き継がせてくれるようにずっと言っていたのである。佐伯が引っ越すときにその約束が果たされたのであった（朝日晃『佐伯祐三のパリ』）。こうして本格的なパリでの生活が始まることとなる。階は六階。窓からはノートルダム寺院を臨むことのできる美しい景色が広がっていたのである。

ところで、森口の留学目的は装飾研究という名目だった。『森口多里論集』の年譜には「ソルボンヌ大学の聴講生となる」とある。ところが、大学で何を学んだのかについてはほとんど森口は語ってくれてはいない。ギリシャのモザイク画を研究している「ミレ教授」が、「ソルボンヌの高等研究部でわずかの学生とテーブルを囲んでダフニのビザンティン芸術について講述していた。傍らには部厚い調査研究書が開かれていた」とあるぐらいである（「ギリシャ—ダフニ修道院モザイコ画解説」『論集美術編』）。では、森

森口の写したパリの街（上：林間の指人形芝居　下：林間の玩具売店）

口はどこでなにを学んできたのであろうか。後年、甥の郡司直衛氏に対して森口はこう語ったそうである。
パリの並木道のマロニエの木の中でどれが一番最初に花を咲かせたのか、僕はそれをよく知っているよ。　　　　（郡司氏より直接の聞き取り）
森口がいかにパリの街を歩き回ったかを象徴的に表す言葉である。森口は、街を歩き、建物を見、考える生活を送ったのである。森口のフランスでの師は街そのものであったと言えよう。では、街との対話から何が見えてきたのであろうか。

パリという街

森口を迎えたパリは森口の思い描いていたパリとは違っていた。「花の都」。エレガントで瀟洒なパリとは異なる側面を最初に知ってしまったからである。パリに着いた森口はモンマルトルに住む長谷川潔の近くに仮宿を定めるが、街角でいきなり衝撃を受けてしまう。

一人の踊り子が仰向けに臥してゐるのでせう、画面の下部に黒と赤の市松模様の短衣の裾だけ現れて、あとは白い画面一杯両の脚だけです。（中略）ところがそれだけではありません、その青靴下をはいて高く伸ばした左の脚の肉つきのよい股に以てきて、物もあらうに腕時計が巻かれてゐるではありませんか。しかもそれが恰度画竜点睛と云った具合に此の広告画の画面全体の気分を一層強く引きしめて、その意匠の無遠慮と奇警とに一種特殊の衝動性を与へてゐるのです。

（「ひろめ絵の都」『民俗と芸術』）

森口の見たのは街角の一角に無造作に貼られていた「畳一枚ほどの大きさ」のポスターであった。それはロートレックの作品を知っていた森口を以てしても衝撃という言葉が当てはまるような光景であったのである。ポスターの絵は、芸術的にはロートレックの足下に及ばない作品であったに違いない。しかし、官能性と色彩のあでやかさ、瞬時に人の視線を釘づけにする力はなかなかのものであると認識されたのである。その後、森口はパリの街を歩き回るようになるが、ポスターについては常に気にかけて街を歩いたようである。あわよくば手に入れようともしているが、なかなか実物を手に入れることはできず、「寄席」で「ポスターの子」である「ちらし」を手にして喜んだりしている。そうしてわかったことは、パリでは壁面というものがあれば、そこにはポスターが貼られてしまうということで

ポスターでいっぱいのパリの壁
（『建築新潮』1925年６月号）

あった。しかも、一枚ちょこりんと貼られてられているばかりではなく、同じポスターが一面に貼られていることも当たり前のようにあったのである。絶えず刺激が発せられ、それを受け止めつつ市民生活は営まれている。パリ市民は、当たり前のようにしてそうした光景の中で市民生活を送っていた。つまり、近代都市生活においてはポスターを始めとする広告は市民生活の一部となっていたのである。そうした思いは佐伯祐三も同じだったはずである。やがて、佐伯は一面にポスターが貼られている光景を何枚も何枚も描くことになるであろう。佐伯は、その向こう側にパリ市民の息づかいを、暮らしそのものを描き出そうとしたのではなかったか。そんな共通認識を二人は持っていたように思われる。

そして、ポスターが絶えず刺激を放っている様は、森口が近代生活を「動的生活」と名付けたそのものを現わしているように見えたかもしれない。それはまさしく「街のディオニソス的表現」に他ならなかった。そして、そのような眼によってもう一度、街を見渡した時、「ディオニソス的表現」は、まだまだあった。自動車、飛行機、断髪、活動写真などなど、一九二〇年代のパリは騒音と刺激に満ちた街としてあったのである。しかし、そうしたある意味では猥雑な光景をさらしているパリの街を決して否定的にとらえてはいない。そうした息づかいこそが人間味を現わしていると見られていたからである。その中に新しい生活のリズムが生まれてくる鼓動を聞こうとしていたと言っても良いかもしれない。取り澄ました表の顔の裏に刺激に満ちた別の顔があってパリの活気を形作っていたと考えていたからである。そして、その結節点がポスターであった。ポスターは、高級芸術ではないが、作品の中には立体派やピカソを思わせるような表現が試みられていることも見逃されてはいない。ピカソなどを見る機会のない大衆にピカソ的なものを伝える啓蒙的意味合いもポスターは持っていたのである。

しかし、すさまじい勢いで変化していく表層社会が安定性を持ち続けるために、一方においてパリ市民が頑固さを持っていることも森口は実感していた。森口が取り上げているのは、パリにおける馬車である。

西洋ではバスとタクシーが普及しても馬車は依然として存在した。その馬車は乗り合ひではなく、座席が正面を向いてゐるものである。即ちわが国の人力車と同じやうに各個に随意に呼んで乗って走らせてゐたのである。私は、昭和三年までの事しか知らないが、ローマでもマドリッドでも、私はわざとタクシーを呼ばないで馬車を乗りました。オープンであり、コトコトと走る速度も周囲を眺め楽しむのに適してゐるからだ。（「馬車現はれよ」『美と生活』）

場所によっては馬車が自動車よりも値段が高いことも指摘されている。社会が変化していくとき、ふわふわと全体が流れてしまうのは無秩序への一歩かもしれなかった。その時、立ち止まって今まであったものにも愛着を感じ、使い続けるところに本当に腰の強い社会が作られることを、馬車が現役であることに見ていたように思われる。

また、そうした頑固さはフランス市民が生み出した近代市民社会とも関連性あるものと見られていたかもしれない。日本にはまだ見られないとしてあげられているのはパンテオンである。森口の定義によれば、多数の民衆に詣でられる記念物であり、それを支えているのは市民倫理だったからである。

それでは、そのような社会ではどのような建築がなされていたであろうか。当時、フランス近代建築の推移は一九世紀における「モダン・スタイル」という名の波の来襲と、その後の新たな総合と把握するという見方があった。「モダン・スタイル」では必要性と合理性が二本柱とされており、そこでは美が問題とはされていなかった。新たな総合とは新たな美の構築を意味していた。その時、大きな役割を果たしたのがコンクリートだったとされているのである（森口訳・マリー・ドルモイ「仏蘭西の近代建築」『建築新潮』昭和四年二号）。そうした見方を森口は一九二五年、パリで開かれた万国博覧会におけるフランスパビリオンで確認している。

立体主義によって幾何学的組織に対する清新な感触と興味とを鼓吹された事、構造と外形との一致に新しい造形的表現を見出さうとするやうになったこと、構体自身の線の認識を重んずる様になった事等が、其主たる動機として数へられなければならぬと私は考えます。

（「万国近代装飾美術博覧会の諸建築」『建築新潮』大正十五年一号）

ところで、この博覧会で森口が問題にしているのは「近代性」であった。いま、ここに建築物が建てられる意味。それは、過去の文化の蒸し返しではなく、現代社会と切り結んだ上で建築がなされているかどうかであった。ここでの「近代性」とは「人工性」の意味で使用されている。自然から離れた人工空間をいかに生み出せるかが問われていたのである。

しかし、そのような問いは、過去の文化を否定した上に成り立っているのではなかった。近代性を突き詰めていったとき、過去の文化の持っている形が取り入れられるのは問題がないどころか、歓迎すべき事と考えられていた。問題は、新たな建築物を構築しようとするときに、安易に過去の遺産に頼ってしまうことだったのである。成功例としてあげられているのはラ・カイユの吊り橋である。「皮相の装飾から悉く解脱して強く且つ簡素な線の諧和が一つの新しい美を現出」した吊り橋は次のように総括されている。

若し事物の文化史的観察に多少比喩的な意想が許されるならば、中世の石造穹窿の論理がこのラ・カイユの新施行法によって遂に近代化されることができたと考えても大して間違っては居ないであらう。

（「橋梁に於ける混凝土の新細工」『建築新潮』昭和二年一一号）

中世の美がコンクリートの助けを借りてよみがえったことが素直に喜ばれている。

しかし、このように構造とフォルムが問題であるならば、装飾研究者森口多里にとっては悲しむべき問題があった。建築物自体への装飾はややもすると否定的な存在と見られるからである。これについてはやむを得ないと考えていたといってよい。当時の森口がもう一つ興味を持ってみていたのは社会主義者たちの建築観であった。彼らは、安価で大量に供給できる住居を追求していたのであり、装飾的要素の廃止を唱えるのは当然のことであった。そして、やはりキーワードとして出されてくるのが、機能性と構造なのである。それを第一としなければ現代建築は成立しないことを肌身にしみて知っていたのである。

ところで、森口は装飾を人々の暮らしに潤いを与えるものとして、あるいは人間が生き生きと生きていくために本源的に必要であると考えていたはずであった。それならば、建築が構造とフォルムから成立していくとき、潤いはどこから生まれてくると考えたのだろうか。それは、町のたたずまいを決定しているものは何かとの問いに通底するものがある。森口は、案外、街の小さきものたちが街の雰囲気を決定するのではないかと考えていたようである。店のショウウインドウに飾られている新製品や陳列窓に置かれている新刊書、あるいは公衆電話、公衆便所、などなど。パンテオンには小さいキヨスクが対比されている。パンテオン周辺の風景を決定するのは堅固な石像物であるパンテオン自身ではないというのである。

日本の山水画家は、崇高な山峯を描くときに、屢々其の近景に素樸矮小な茅屋などを添える。それと同じ心で、私どもは此の巨宏な石づくりの殿堂を眺めわたすときに、幸ひ路傍の花のキヨスクを其の近景の一つに添へて見ることが出来る。

キヨスクに溢れるほどに盛り飾られた剪花の種類を、其の前を通り過ぎる度毎に気を留めて見て居れば、おのづと身に浸みて季節の移り換はりが感ぜられる。

（「花のキヲスク」『婦人公論』大正一三年一一号）

キヨスク、さらにはそこで売られている花によって殺風景な光景から、辺りのたたずまいも含んだ風景となる。生活と建築とが交錯した地点にこそ、街の空気が醸成されてくると考えられていたのである。建築物には装飾が失われていっても、その分、街にはポスターをはじめとしてさまざまな〝装飾〟があふれかえっていた。森口は、裏通りにも入り込んでいっている。そこで飾られている看板などももちろん立派な装飾に他ならなかった。装飾の〝研究〟には何も困ることはなかったのである。

フランス現代美術の推移

フランスの市民生活について、森口は、一面においては日本の近未来のように描き出した。しかし、いただけない部分も一方では見据えていたのである。第一次大戦後の不景気の中にうちひしがれている姿という経済状況からくる市民の姿もそのひとつであったが、もっと深刻で見逃せないことがあった。そして、それは、当時のフランス美術界から透けて見えるものであった。

ところで、留学中に森口は、多くの美術品を見たはずであるが、それに関する報告は管見では見出すことはできなかった。同時代の報告として森口の語るピカソなどを聞くことができないのである。当時、藤田嗣治は、当時のフランスを代表とする画家として「ピカソ、ドラン、パスキン、ヴラマンク、ユトリロ」あるいは「マティス、ルオー、モディアーニ」等といった人々をあげている（「最近仏蘭西美術界事情」）。おそらく、森口も多くの美術品を見ていたはずである。森口自身もヴランマンクやモディアーニ、シャガールの作り出した世界に興味を持っているようなことは書いているのである。しかし、それ以上に関心を抱いていた、もしくは心配していたことがあった。それは、「モンデイアリスム」と呼ばれる風潮であった。森口は、これを「世間主義」と訳している。

そもそも森口にあって芸術とはややもすると安穏の世界に眠り込んでしまう実際の社会を揺り動かし、新しい次元へと導かんとする野心に溢れた動きであった。セザンヌもゴッホもゴーギャンも現実の世界とあるべき世界の間で格闘し、自らの世界を生み出していったのである。森口はロートレックもそうした系譜の中に位置づけていた。そうした姿を芸術家の範型とする森口にあっては目にした多くの作品に違和感を感じざるを得なかったようである。

現代の文化相と感覚的欲求との間に何らの矛盾をも感じないところにモンディアリスムが胚胎する。そしてその文化相をやすやすと愛撫し、享楽するところにモンディアリスムが成長する。それ故にモンディアリスムは幸福である。南洋の原始的文化と自然とのなかででなければ快適な画境が見出せなかったといふゴーガンや（後略）

（「Mondialismeの時代」『最近美術の動き』）

現代文化と描き出そうとする世界に落差を感じない芸術家の群れ。そうした彼らは、ただ見て楽しい作品しか描けないであろう。その時、芸術は魂の次元ではなく、技巧の次元にしか力を入れるところはなくなってしまう。技巧的には非常に高い作品であるとは評価されているのである。ローランサンなどはその一人にあげられている。しかし、それは見る側にも問題はあるとされていた。市民たちは「芸術に安易な感覚の愉楽だけ」を求めているのではないかと見られていたのである。しかし、芸術が安楽に手を貸すとき本当に活力のある社会であり続けることができるのか。森口にあっては芸術と社会は、ぎりぎりのところでせめぎ合っていなければならないものだったのである。

異教的ヨーロッパ

佐伯から引き継いだ部屋を森口は一度も換えることはなかった。それは、ノートルダム寺院を始めとしてパリの街が見渡せるからであった。ところが、ノートルダムを毎日眺めて暮らしている間に一つの疑念がわいてきたようである。それは、教会であるのになぜガルグイユのような「怪物」がたくさん象られているのかということだった。「怪物」たちの正体はシメールであった。シメールは、西アジアを起源とし、中世には広く空想的な怪物を意味するようになっていたという。それは、解釈のしようによっては悪魔に他ならなかった。そうした怪物が教会を飾っていたことについては、表向きの説明である創造主の一成果、即ち、神がすべてを造り給うたのだからそのひとつであるシメールが置かれているのだとの説明をあげつつ、もう一つの説明のされ方にも魅力を感じていたのである。それは、魔除けの効用であり、日本の鬼瓦との類似性が指摘されているのである。

これを宗教的にいへば、「おまじなひ」である。パリのノートルダムのシメールにはさういふ「おまじなひ」の意味がなかったか。もしあったとすれば、その起源は基督教以前の異教的民族の間に探られなければならないから、極めて難しい問題である。（「ノートルダムの怪影」『美的文化』）

魔よけの源泉は神から来るのではなく、異教的部分からやってくる。しかし、森口は軽々に当時の人々の心の奥底に異教的精神が脈打っていたとするのには躊躇する。一三世紀に作られたノートルダム寺院は、ゴシック期に属する教会だったからである。美術史の把握では、ゴシックとは理性の目覚めた時代であり、迷妄に浸りきっていたとは考えがたかったからである。そこで、単に〝装飾的形態〟としておもしろかったからとの可能性も捨てがたいとしていたのである。

しかし、ゴシックがそうであるからといってヨーロッパ史そのものがそうであったとは限らなかった。森口の関心は、ロマネスクへと向かっていく。ロマネスク期の文化については迷妄の時代の産物としてあまり注目されてこなかったという。「理性」の展開に物語の焦点が当たってしまえば、それからはずれた部分は影の部分として後景に追いやられてしまうからである。そして依拠すべき資料が十分に手元にないとき、自ら赴いて一つひとつ確かめていくしかなかった。同行することの多かった福沢一郎はつぎのように述べている。

森口さんとはよく一緒に旅に出た。それは現代美術の探索ではなくて、古いロマネスクやゴシック寺院、或いは彫刻の見物であった。私は、彫刻への興味もあって、その探訪が好きだった。（中略）美しい鐘の音に目がさめて、窓をあければすぐ眼の前に、私達の訪ねようとする寺院が、古色蒼然たる姿を見せたりする。それは会いたいと焦れた人に、会えた気持ちである。

（「巴里の森口さんと私」『論集　美術編』）

こうした地道な調査は、後年、『ゴシック彫刻』『続　ゴシック彫刻』として結実する。書名には『ゴシック彫刻』とあるが、ロマネスク期やさらにその前にあたるプレ・ロマン期にも十分目を配っており、中世ヨーロッパを総体としてつかまえようとする意思の見える構成となっている。そこで掲載されている写真についても「図版は既刊の著作物から転写したものは一つもない。私の素人写真、それからパリ及び地方都市の原地で蒐めた」ものであるとして現地調査に基づく作品であることが強調されていたのである。

フランス中世の建築装飾（森口撮影）

森口が自ら写した写真は解説記事の最後に、「森口写」とあり、それを拾っていくことでさしあたって森口が行ったところの概要をつかむことが出来る（巻末資料4）。そして、確かにヨーロッパの各所に赴いていることを知ることができるのである。

実は、ロマネスクについて森口が調べるのは今回が初めてでない。留学前に出されていた『文化と建築』シリーズのロマネスク編は森口が担当であった。しかし、この時は、ロマネスク建築の形態的特徴について語るだけで、精神文化面についてはキリスト教との関わりが少々述べられているだけで正面から取り扱われてはいなかったのである。

ロマン［ロマネスクのこと］彫刻家の創造性が最も自由に発揮されたのは、柱頭装飾に於てであったらしい。（中略）これに較べると柱頭は自由で、雑多の主題を動きのある効果で表現することが許された。そこには新旧約聖書から選ばれた叙事的主題ばかりでなく、葉文もあり寓意人物もあり、屡々異教的な影像さへある。（中略）ロマン彫刻家の想像性は屡々人間と植物との境界を没却し、例へば、儀仗を争奪してゐる僧と尼はアカンサスの葉から生れたやうに表はされている。

（「ロマン時代」『ゴチック彫刻』）

『ゴチック彫刻』の刊行は昭和十五年であるものの、フランス留学中にあって古寺探訪を繰り返す中でたどり着いた地点はこのような感慨であったように思われる。人間と他生物との峻厳を基本とするキリスト教にとってはその「境界」が忘れ去られてしまうことなどありえないのに、ロマネスク教会ではそれが当たり前に行われている。プレ・ロマン期については「東方的」「ケルト的」表現が見えることも指摘されていた。ゴシックの緻密さとは比べものにならない稚拙な表現の中に籠められた人々の思いを森口は感じ取っていたといってよいであろう。森口は近代的価値感から一方的に決めつけるような態度には絶えず懐疑の念を持ってきた。そうした近代的価値観をいったん括弧にくくって感受性を羽ばたかして見た時、もう一つのヨーロッパが見えてきたのである。確かにノートルダムのシレーヌは、フォルムのおもしろさから採用されたのかも知れない。しかし、それでもシレーヌを採用し、一度壊れたものも丹念に修復されているということは、「呪的」な部分が近代人の奥底に脈打っているのではないか。そんなことを考えていたのではないかと思われる。

そして、そのような思いはイタリア旅行で増幅されていったようである。キューピットの存在やエロティックなヴィーナスの存在は、きまじめさを信条としている近代を笑い飛ばし、もう一つのヨーロッパがあることを確信させてくれるものだったのである。

民俗社会の発見

中世ヨーロッパへの旅は、もう一つの出会いを森口にもたらした。

私は仏蘭西に渡って始めて自然のなかを逍遥する愉楽を知ったのであった。私は田舎の小さな町、裏門を出れば直ぐに田畑が続いてゐるやうな田舎町に生れ、そして育ったにも拘らず、白状すれば自然を楽しむことを、いや寧ろ自然に親しむことを、殆んど知らなかった。

（「自然と人工の中間」『美と生活』）

ここでは自然に囲まれた農村との出会いが語られている。森口の採集した昔話は母親から聞いたり、森口の実家で働いていた者たちから聞いたりしたものがほとんどであった。森口自身が、喜善のように農村に分け入って得たのではなかったのである。ところが、フランスにおいて地方を旅することで農村の実相に出会うこととなったのであった。ロマネスクやゴシックと向き合う一方で、文明一辺倒ではないフランス人の普通の暮らしに向き合うこととなったのである。付け加えておけば、森口の旅は求道者のような旅ではなかった。現地で大いに食べ、大いに語る旅だったのである。或る意味では普通の人々の暮らしを知るには最適な旅であったといえよう。

そうした中で森口のまなざしはパリの街角と同じように小さきものたちへと向けられる。行く先々で目にする多様な民具の群れは、それが持っている世界の豊かさを予感させるものであった。森口は、かねがねフォークロアと呼ばれる学問が民具を軽視していることに対して不満を懐いていた。

民俗学の発生が既に新しいのみならず、その一部門となるべき民芸が民俗学者に継ツ子扱ひを受け、単に「趣味」と「感じ」とでもって蒐集され鑑賞されてゐるに過ぎない時代にあっては、民芸の範囲を決定することさへも容易ではないのである。

（「仏蘭西の民芸」『世界美術全集別巻第十五巻』）

まともな研究分野と認められず、概念規定も一様でなく、うち捨てられている現状。そうした中で実りある成果をあげるためにはどうしたらいいのか。旅の中で思考は巡らされていく。民具から民俗学へと至る道。そんな道筋はあるのかとの問いである。

確かに民具の世界は不確定な世界であった。語ることなく、名乗ることなく、ただある物たち。古びてもっともらしい顔をしていても思いのほか、新しかったりしたのである。というより、新しいものがほとんではないかという思いが、見れば見るほど強くなっていったのが事実であった。改めて農村が孤立していたのではないことが確認されている。多くの情報、たくさんの人の往来によって影響を受けながら民具の形は変容していく。多くの民具を見る中でとりあえず下したフランス民具の概要は次のようなものであった。

その装飾的美術的要素に於ては、民芸もまた都会工芸の一転生である場合が多いのである。仏蘭西の民芸に共通する特色は、巴里の流行が十六世紀以後大革命に至るまで緩やかな速度で田舎に侵入して何時の間にかそれが田園化されて民芸の装飾美術的要素になったといふことである。

（前掲「仏蘭西の民芸」）

家具も陶磁器も刺繍もみんな新しい。そこから読みとれるのは、農民たちの旺盛な摂取意欲であろう。しかし、民俗学とは名もなき人々の心の奥底を探求する学問であったのではないか。そこで、森口が取った戦略は、徹底的に形を分析することと、それにまつわる伝承が今も生きているかを見つめるということであった。

形については、民具とは言えないが、「オーブェルニュ地方やブルターニュ地方の基督及び聖者の彫像」に「民芸味」が見られている。あるところでは聖人に郷土的な服を着せてしまっている。中央からの影響ではなく、中央からやってきたものを郷土化する力。或いは、「ブルターニュのロクマリア地方の或る寺」では「聖イシドール」の手に「鋤と鎌」を持たせることで「耕作人と麦刈人との保護神」であることを明確に表現しようとしているとする。そして、このような変容のさせ方に人々の思いを読みとろうとしているのである。

これに対して生きている伝承については例えば、農民たちが持っている木靴があげられている。これをオーブェルニュ地方の伝承と森口は重ね合わせている。

母親は小児のはいた木靴を永く大切に意匠戸棚の隅に仕舞っておいて、既に大きくなった子供の前に時々それを取り出して見せては、「これがお前の赤ん坊の時分……」と、常例の回顧話を繰返したものださうである。（前掲「仏蘭西の民芸」）

木靴は成長儀礼の中で大きな役割を果たしていたのである。そのように民具が生きられているとき、いかに装飾や形に変容が施されようとも、民俗学へと連なるものと認識がなされていたように思われる。確かに、森口の民俗への探求は、体系だったものではなかった。しかし、人々によって日々使用されている物を見つめることで、長い間受け継がれてきた民俗的心性が確かに目の前の人々の心の中に宿っているとの確信だけはあったのである。

そして、そのような確信は一九二六年のイタリア旅行においても強まりこそすれ、弱まることはなかった。森口は比較的、自律的に生活を営んできた「牧人」が古い生活の形を残しているのではないかとして注目している。そして、また、里の人たちの生活についても旅をしつつ見つめていたのである。そうした結果、驚くべき事に日本で行われている民俗的行為と非常に似た行為が行われていることに出会ったのである。一つは、喜善が森口のために苦労して手に入れてくれた刺繍入りの手拭に似た行い。イタリアの「平地の農家の婦女子」も「口では云へないことを刺繍の針の運びに託したハンケチを、その愛する男に贈ったり」するというのである。もう一つは、シシリー島で行われていたアグリセント。アグリセントとは、「変死した人々のためにその変死をモチーフとした絵をかいてここ［教会］に納める」というものだった（「小絵馬雑記」『論集　民俗編』）。これは、柳田が三陸海岸の浄楽寺で見た死者の肖像画と同じカテゴリーに属するものであった。ここにおいてヨーロッパ人は他者ではない。将来への不安、願い、悲しみを同じように表現しようとした同じ人間である。基底にそのような心性を持っていることをイタリアへの旅でより実感したのである。

さらに、「ロマーニャ地方の荷馬車」につけられている「鉄細工の種々の飾り」にも民俗的意味合いを感じ取っている。

牛車に附けられる龍の飾りや軛に取りつけて　チャリンチャリンと音させる錫杖である。これは　その起源がおまじなひにあったのであろう。

（「伊太利の民芸」『世界美術全集別巻第一五巻』）

彩られたる荷馬車（伊太利シシリー島）

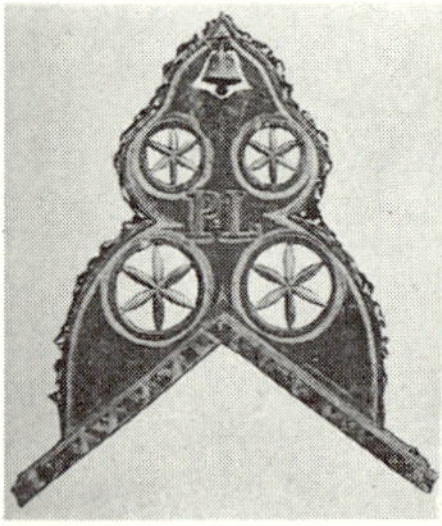

牛車の轅（伊太利ヴェローナ）

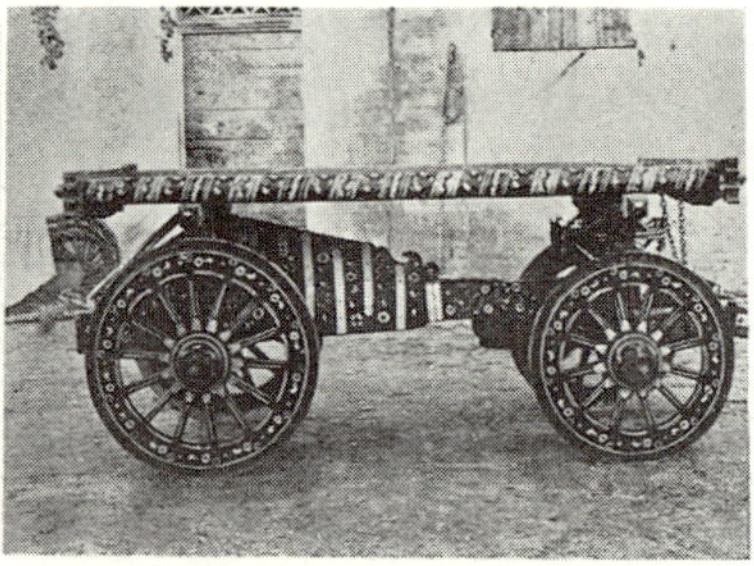

彩られたる牛車（伊太利ローマニア地方）

100

『世界美術全集・別巻15』の「伊太利の民芸」の１頁

西洋の人たちも呪的世界につながっている。それは、ヨーロッパ社会はキリスト教を基底においた文明社会との表の顔とは別の顔であった。西洋社会とは、異教的感覚を内蔵し、民俗社会が頑固にあり続ける社会でもあった。民俗社会を滅し尽くすことが近代社会を作り上げることではなかったのである。芸術面で言えば、それらはインデックスのようにあって、必要であれば現代芸術の中にもひょっこり顔を出して瑞々しい姿を現わしていたのである。例えば、橋のラインに中世的なラインが復活しているのに見てとれたりしていたのは前述のとおりである。ヨーロッパの強みは近代／民俗、キリスト教／異教が反発したり、共鳴したりしてさまざまな音を奏であっているところにあった。隠された部分は、大きくそして豊かだったのである。

第九章　昭和初期東京の巷に立って

今和次郎の見た東京

昭和三年（一九二八）、四年に及ぶ西洋留学から帰国した森口は驚きを隠せなかったはずである。感覚としてはまるで浦島太郎のようであったと推察される。森口の知っている東京とは似ても似つかぬ光景が現出していたからである。それもそのはずであった。留学したのは震災直後であり、変貌していく東京の姿を一切見ていなかったからである。

それに対して、変貌していく東京に寄り添い、変化の様を事細かに記録しようとしていたのが今和次郎である。変化の様は、街行く人たちの風俗や店の分布具合などに求められた。なかでもユニークだったのは人間のふるまいにも焦点を当てたことである。それがやがて「考現学」と命名される一連の仕事である。それらの仕事は、震災後に開始されているが、志向は震災前より持たれていた。「一昨年（一九二三年）の大震災のあった夏、震災以前からしきりに傾いていた東京の風俗を、ぜひ記録にとっておきたいと私は考えていた。そうして、調査の方法を工夫して実行の機会をつくろうと気にかけていた」とあるように震災前より日本人の何かが変わってきており、それを記録するための方法論的模索を続けていたのである。行き着いたところが、考古学や人類学のようにモノや人々の姿や行動から社会を探究していく方法であった。全国を歩き回って民家調査などをしていた今が建築ではなく、人間に焦点をあてて変化の水位を探ろうとするのは不思議な感じがするが、ともかくも今に賛同する同志や学生たちによって東京に関する様々な調査が開始されていったのである。調査するにあたってのスタンスは次のようであった。

世間の風俗を客観するのには、それを冷たく静かになしうるのには、世間の風俗にとらわれていたのでは徹底することができない。主観的な熱が満ちていて、それを自分のうちに燃やしながら、外形的な世間を見るのでなければ、生活に関した調査事に生気をだすことができない。

（「東京銀座風俗記録」『全集一巻』）

人類学者のように冷静に対象を見つつも、対象に対する情熱を持つ必要が説かれている。銀座風俗を調査報告するにあたってわざわざこのようなことが説かれているのは、文明への批判が裏に秘められていたからである。文明人は自己に甘いと述べられている。何の根拠もなく自分たちの生活が最高段階であると信じ、甘んじて受け入れてしまう態度を排し、より人間らしい暮らしを構想する必要があると考えられていたのである。ここに生活改善や社会改造への志向を読みとることは容易であろう。そうした今の姿を吉見俊哉は「心優しき近代主義者」と呼んでいる（『都市のドラマトゥルギー』）。

また、今の関心には常に貧困の問題があった。農村調査でも貧しい者たちへの温かいまなざしが今の調査を支えていた。考現学でも本所深川貧民窟への調査が後ろめたさを伴いつつ行われている。風俗の相違は、歴史的伝統や自然環境といった個人ではどうしようもないファクターと共に、貧富の相違によってももたらされていることが強調されていたのである。

しかし、なによりも変貌していく東京を見つめ、観察することが楽しかったのも忘れてはならないだろう。今は昆虫採集を例に出している。昆虫学者がわくわくしながら採集に出かけるように、今たちも都市へと繰り出していったのである。震災後、復興へと向かう人々の姿に今は頼もしさを感じていた。焼け野が原に呆然と立ちつくしているうちに気が付けば人々はあり合わせのトタンを張り合わせたりして生活の場を築き上げていたのである。ゼロから出発してどのように変貌を遂げるのか。その過程と様相を記録したいと願ったのである。そうした都市観察者としての今の最終目的は、都市の全体を見渡すことであったように思われる。もちろん、さまざまな相貌を見せる都市について一点から見渡せるはずもなかった。そこで取られたのが拠点をうがっていき、その果てに全体が浮かび上がせようとする方法である。銀座という最先端消費都市ばかりでなく、阿佐ヶ谷のような郊外都市、早稲田のような学生が沢山いる町、労働者が住んでいる深川、あるいは人々の集まる上野や井の頭公園といった具合に様相を異にするさまざまな地点での調査が行われていったのである。

その結論として導き出された一つは東京が驚くべきスピードで変化し続けているということであった。

東京は、安定したたずまいをもはや持ち得はしないとされている。絶えず作り替えられ、新しいものに取って代わられることが運命づけられている街。今の調査が精力的になされたのは一九二五年から一九三〇年ぐらいまでのこととされているが、その五年の間にも変化は生じていた。懐かしく思い出されているのは早稲田大学の学生ホールである。一九二六年には「早稲田界隈のレストランや食堂その他その他が青くなった」ほどの人気だったのに一九三一年にはそんな出来事は「回顧的なこと」であったとされ、カフェー・喫茶・レストランが八十六軒に増えているのが指摘されている。最先端都市銀座での変化の様はもっとすさまじいとされている。

生命の短いかげろうのごとき特質を持っているところの都会の建物としての商業美術化へである。で、銀座のごとき場合には、開店一年間において、または半年間において、恐ろしく尖端的なるものは旬日において、装飾としての建築にかけた予算を赤字なしにしてしまわなければ、合理的でない、という計算まで立っているありさまだ。

（「早稲田付近の飲食店分布図」『全集一巻』）

こうした変化を促しているのは欲望であった。今は、近代都市を支えている一面は欲望であり、その欲望をかき立て続けるために絶えざる変貌が必要とされていると考えていた。欲望のありかを決定するのは世を覆っている「気分」に他ならなかった。その気分にあわせるべく「ポスターの張りかえと建築の表面の変更」とがなされていたのだった。移り気な気分が変貌の土台にある限り、都市は変貌を必然とされているのである。

しかし、それと相反する結論も得られている。過去の力はなかなか強いとの結論である。今たちの行った調査でもっとも有名な銀座風俗調査で洋服と和服の割合が調べられたことはよく知られている。その結果は「一九二五年初夏の銀座街では、女の洋装は、和服九九にたいして一の割合にすぎない」というものだった。今は、考現学の役割として印象で物事を語る危険性からの回避をあげていた。そのためにできるだけ沢山事実を集め数字化する必要があったのである。モガが存在することとモガが広まっていることには大きな差があった。そうした結果は家の作りでも同じ結果が得られている。阿佐ヶ谷における住宅調査では文化住宅は二〇%に過ぎなかった（「郊外風景雑景」『全集一巻』）。過去の力は意外に強かったのである。しかし、それは習俗の強さとばかりは考えられてはいなかった。経済的に取り入れられない可能性もあったからである。そうした中で伝統と近代の折り合いもつけられていることも発見されている。近代の伝統への侵入である。銀座を和服で闊歩する人々の帯には「西洋風の好み」が多数混じっていたことが報告されているのである。

では、伝統と近代の相克が起こったとき、今はどのような態度をとるのであろうか。それが「合理化」の流れの中にあるとき、態度は明瞭であった。ためらいもなく「変貌」の側についたのである。生活改善家としての今和次郎が顔を出すときである。今の調査テーマとして早稲田を中心とした学生の生態や郊外住宅があるが、それは、生活の合理化のパイロット・プラントとして期待していたふしがある。郊外とは「より積極的に新しい生活を営む人たちの住所が主体となっているところ」と定義され、「何もかもごっちゃな、あらゆる階級と職業者との摩擦する」場末とは対遮的なものとして位置づけられていたのである。もちろん、現実の郊外生活者の生活がどのようなものであったかは承知の上のことであった。

朝と夕、新宿、渋谷、池袋などのプラットホームに集まる群衆のものすごさったら、……学生、会社員、職人、労働者その他その他…は、車中の湿気に蒸されて、肩と肩とをなぐり合わせて、活動地と休養地との間に投げられたまないたのようなコンクリートの一直線の関所に錯綜してへし合うのです。

（前掲「郊外風景雑景」『全集一巻』）

期待がかけられていたのはこのように通勤に疲れ果てている人々であった。調査結果からもなかなか合理化が進んでいるようには見えなかった。それでも期待は、かけられ続けていたように思われる。最後に余興として掲載されている調査は犬の呼び方であるが、伝統的なシロやクロの数が少なかったことが多少の喜びを持って報告されていたのである。

それにしても、合理化に今はどうしてこだわったのであろうか。それは、余った時間が「余暇」をもたらすと考えていたからではないだろうか。今は「余暇」を思い思いに過ごすことをとても大切なものと考えていた。散歩やピクニック、美術館見学など、人間らしさを取り戻す行為として認識されていたのである。ピクニックの時に持っていくときの食べ物の中に「ドーナツ」という新参者が入ってきているのがほほえましく報告されたりしている。しかし、そうしたほほえましい光景は涙の上に立っているのを感じてしまうのが今なのである。

同一の木のしたで、どんなに人びとの享楽とそして死とがとり行なわれているかがおわかりになるだろう。首を吊った木も切りさられずに立っている。（中略）事件があったその場所で、家族連れがお弁当を楽しんでいたり、また若い男女だけでつつましくしていたりする情景をみせられたりする。

（「井の頭公園自殺場所分布図」『全集一巻』）

決して人々の暮らしは盤石な基盤の上に立ってはいなかった。そうした生活の不安定さも身にしみて感じていたのである。都市では光と闇がくっきりとしたコントラストを作っていた。ややもすれば社会から落伍してしまいかねない弱い者たちへのまなざしを今は、生涯、持ち続けたのである。単なる都市観察者や生活改善家に今を押し込めてはならないであろう。

そして、弱きものと言えば、女性に対する関心も強かった。女性の将来についてはスカートの丈が短くなっていくことに将来が託されていた。

恋愛の舞台は、飾りたてられた室内から街頭へと転換した。先の挿図の一八六〇年代の姿は、飾り立てられたサロン内のヒロインだとすると、最近の短いスカートのそれは街頭の彼女たちである。彼女たちの背景には街路があり、自動車がありだ。（「スカートの長さを主題としての服装論」『全集一巻』）

もちろん話は西洋での話であるが、スカートの丈が、女性を解放し、活動的になっていく象徴と見なされているのである。

こうした今による未来都市東京は、道路が張り巡らされ、高層ビルが建ち並ぶ都市であった。高層化、立体化、重層化、複雑化とまとめられている。また、「都市情緒」なるものはみじんもなくなり、「世界一般的なる感化の下に進」んでいくとされていたのである（今和次郎編纂『新版大東京案内』ちくま学芸文庫）。しかし、住んでいる人々については語られていない。この時の今がユートピアを思い描いたか、ディストピアを思い描いていたかはわからない。

鉄筋コンクリートに覆われる都市と板垣鷹穂

現出しだした都市建築に新たな美を見出そうとしたのが板垣鷹穂である。板垣は明治二十七年（一八九四）生まれで大正十三年には西洋留学を果たした新進気鋭の美術評論家であった。帰国後の昭和初年に現代美術観察を志し、昭和四年に著わした「機械と芸術との交流」で注目を浴びていたのである（吉田千鶴子「東京美術学校における板垣鷹穂」『板垣鷹穂シンポジウム報告書』）。

出発点は、人々の暮らしの中心が変わってしまったと考えたことにあった。伝統社会では教会のような宗教施設が中心であったのに対し、近代社会では工場が中心となっていく。工場では、無駄を可能な限り排し、効率的な生産が可能なように建築がなされなければならない。そして、生産という目的に「合目的」であろうと突き詰めていったところに美が宿るとしたのである。出現当初は、無骨で汚らしいと感じられた構築物がやがて美的存在へと感じられていくようになっていく。蒸気機関車が出現したとき、見栄えを良くするためにサラセン風の装飾が施されたことが例に引かれる。しかし、やがて人々は蒸気機関車それ自体に美を見出していくようになったというのである。見出された理由の一つには人々の慣れがあげられている。しかし、もっと大切なのは、価値転換のあったことが指摘されていることである。板垣は、新しい時代の価値として秩序・理性・合目的・能率といったものをあげている。それらの価値が浸透していったとき、昨日まで殺風景であるとされた建築物に美が見出されていくとしたのである。

このような新しい美のよりどころとなったのが、コルビュジェの建築は「住むための機械」であるとの言葉であった。板垣の論考を呼んでいくとコルビュジェの言葉が託宣のように何度も引かれるのを見ることができる。無駄を取り去ったところに出現する美。そのものの本来の役割が十分発揮できるように突き詰めたところに宿る美。そうした美はもちろん建築物に限られるはずはなかった。大きなモノから小さなモノまで、さまざまな製作物に宿っていたのである。船・飛行機・自動車・椅子といった物たちが板垣のフィールドである。そして、合目的性を突き詰めた地点にあたらしいエロティシズムを見出したりもしていたのである。

自動車は、媚を売るロボットである。スマートな曲線を描く輪郭と、なめらかで美しい肌味と、あたりの柔らかい弾力性と――そこに彼女の感覚的な魅力がある。物ほしさうな男が道傍に立ってゐると、スイスイと滑って来るロボットが、艶のある肉体をくねらせてたちどまる。（中略）光の流れる夜のペーヴメントに立って円タクの群を見てゐると、東京の街にも「機械のエロティシズム」が豊かに感じられる。

（「自動車のエロティシズム」『芸術的現代の諸相』）

しかし、ここにこそ現代美の弱点があった。どんなにエロティシズムを醸しだしていた自動車といえども、時がたてばそれは古びたぽんこつに成り果てる。一時、無敵の美しさを誇っても新しいモデルが出現すると同時に美は失われてしまう。それは、工場を始めとする建築物であるとて同じ事であった。より効率性の高い方法が見つかればたちどころに輝きが失われてしまうのである。そして、それを板垣は現代美の宿命として肯定的にとらえていたのである。現代において永遠性を持ち得る美は存在しない。そうした諦観の中にこそ美の宿りを見んとしたのである。それは、よく言えば、前だけを見ていこうとする姿勢であった。だからこそ、第一次世界大戦で崩れ去ったサン・パウロを再建した人々のことを板垣は一顧だにしなかった。「大伽藍を仰いで感じるものは、唯だ旧堂の追憶を懐しむ哀愁の情ばかり」だったのである（「建築に於ける『現代』の表現」『新しき芸術の獲得』）。そうした涙とは無縁の所に現代美は存在しているというのが板垣の確信であったように思われる。

しかし、現代美は順調に発達しているとは言い難い面があった。資本主義が、技術に裏付けられた機能美の発達を阻害していると見られていたのである。一瞬の輝きの中に美を宿そうとしているモノたちに対して偽りの永続性を与えようとしている元凶であるとされたのだった。典型はアメリカに見られている。歴史なき国であるはずのアメリカは、だからこそ「成金趣味」にものをいわせて「歴史主義の墓」を掘り続ける。無意味に重々しいヨーロッパの建築様式が取り入れられているのは、歴史の退行以外の何ものでもなかった。

資本主義の勃興と共に無秩序に拡大された大都会の経営が—ニューヨーク市に於いて最も性格的に暴露されているように—都市の機能そのものを危険にしている事は云うまでもない。合理的な都市計画の問題は此処に生れて来る。（中略）無自覚な米国の建築界に於けるこれ等のスカイスクレイパーは、何れも伝統と豪奢とを好む成金根性から生まれた「歴史主義の墓」にすぎない。

（「機械と芸術との交流」『モダン都市文学Ⅵ』）

板垣の目には摩天楼も中世教会の塔の焼き直しにしか見えなかった。現代都市の先端であるべきニューヨークを始めとするアメリカ諸都市はまさしく屍を抱いて混沌の中に身をよじらせているように見えていたのである。

これに対置されるのがソヴィエトであった。きびきびとした秩序の中に身を置き、素材の機能を極めようとする姿は、現代美術の発達に寄与する動きに見えていた。当時の映画の質的高さと相まって現代美創出の担い手としてソヴィエトへの期待は大きかったのである。

では、日本の東京はどうであったか。残念ながらアメリカ同様、資本主義の悪しき商業主義にどっぷりと浸かっているように見えていたようである。東京劇場での東西合同のレヴューの折りにスポンサーたちが花道を張り子行列したのは醜悪な光景と映っていた。張り子には白木屋の建築模型、ヤマサの醤油樽など十数個あったという。広告方法も都市の美観を損ねる形でしか機能していなかった。

芸術的にはむしろ醜悪なものが、往々にして高度の宣伝的効果を収めることさへ、この複雑な組み合はせの中からは生ずる。かつて都市の外観を著しく汚した仁丹の看板や、汽車の窓から自然美を楽しむ眼にうるさく付きまとふ花王石鹸の広告塔の如き、（中略）何れもその適例である。

（「商業美術の諸相」『芸術的現代の諸相』）

このように手にした技術を使いこなせていなかったのが昭和初期の日本であった。

そして、その中で最たるものはやはり建築であった。やり玉にあがっているのは三井銀行である。三井の列柱は、「ローマ風の古代様式を採用」したもので「豪奢」であることを願ったにすぎず、なんらかの美意識に基づいて作られた建築物とは見なされなかった。伊東屋も資生堂も「古風な細工を過剰」に使用しているのは顧客にこびているとしか考えられなかった。中でも問題外とされたのが「帝冠様式」である。「木造建築の技法から生まれた様式を鉄筋コンクリートに応用」しているのは板垣にしてみれば悪夢としか言いようがなかったであろう。このように昭和初期の日本建築は伝統美にも沈潜することなく、機能美も突き詰めようとしない、極めて中途半端な状態にあったと観測されていた。

高久洋服店概観

だからといって全く新しい美が日本に舞い降りていないとは言っていなかった。朝日新聞社の試みにも注目をしていたりもしていたのである。そうした中で高い評価を得ていたのが須田町にあった高久洋服店であった。

様式そのものも、九階の高さに、横長い―柱に中断されぬ―窓を列ね、思ひ切って派手な横縞の柄をみるような明快さである。

（前掲「商業美術の諸相」）

これは、「ケムニッツのショッケン店」を説明した部分であるが、その小規模版として高久洋服店が見られている。板垣においては資本主義の混沌と機能美への挑戦の混濁という中に昭和初期東京の風景は形作られていったと見られていたのではないだろうか。

ポスターのある街と森口多里

このようにパリから帰国した森口の目に映った日本の姿は、留学以前の日本とは似ても似つかぬ姿を見せていた。まず目に入ったのは、街に洋装して歩いている者が多くなり、あちこちにポスターが貼られている光景であった。留学中、森口は、ポスターの収集につとめていたが、まだ日本では普及するのは先と見て友人の所に置いてきていた。ところが、その見立ては、全くはずれ大急ぎで収集した資料を取り寄せることとなったのである。

このような変化から森口は、民衆が社会の表舞台に立ったのを読みとったに違いない。そして、それはとりもなおさず、日本にもようやく封建社会が終わって近代が舞い降りてきたことを意味していたのである。ここで封建時代とは静的生活、近代とは動的生活の別名であった。美術史的観点からは、様式化の終焉と押さえられていたはずである。つまり、身分などの安定した「様式」に身をゆだねて安定して暮らしてゆけた静的生活の時代が終わりを告げ、変化が早く欲望が渦巻く動的生活の時代へと突入していくことを意味していたのである。

ここで問題なのは台頭する民衆が芸術とどう接点を持ちうるのかということである。それについては、留学前、近代美術と向きあう中ですでに考察はなされていた。その時、まず問題とされたのは芸術は誰のものかということであったが、その観点から見たとき中世と近代とでは奇妙な逆転現象が見られていた。つまり、中世の方が芸術は民衆に開かれていたとされているのである。中世芸術はカテドラルに集約される。壁面に彫られている彫刻、内部の祭壇画、それらは誰か特定の人間のものではなく、すべての者たちに開かれていたのであった。これに対して近代は個人所有を重要な社会構成原理としていた。この論理の徹底した結果、ブルジョワが芸術を独占してしまうという事態が起こってくるとされたのである（「美術と民衆」『中央美術』大正七年三月）。

また、これに伴って表現される対象、性格にも変化が生じてくる。中世では、永久高遠、即、神の世界がひたすら描かれた。ところが、近代とは、何でもないものにも価値が見出されるようになった時代なのである。例えば、民衆の生きている街角も描かれるようになったことはしばしば指摘されていた。しかし、実際に絵が架けられるのはブルジョワの私的空間に他ならない。やがてブルジョワの意向が反映されるようになるであろう。その時、芸術はブルジョワの慰安を求めるために作成されるようになり、美の本質から離れていきかねなくなっていく。このような把握は、一九二〇年代のパリでの体験によってもう一度実感されなおしたであろう。

このように一部の者たちの私的空間の中に閉じこめられてしまった美術を救いだし、民衆のために取り戻すための方策はあるのか。森口の思考は、芸術を民衆の目に晒す回路をいかに作り上げていくかに集中している。留学前に提唱されていたのは「真の美術館」の建設であった。それが具体的にはどういうものか森口は論じていないが誰もが気軽に古来から現代に至る芸術品を見られるようにしたものであり、中世の教会のような役割が期待されていたようである（「無自覚な美術館建設運動の讃成者」『早稲田文学』大正八年一号）。しかし、留学体験を通じてもう一つの答えが街頭に見出されたのである。それがポスターの普及であった。前節で述べたモンディアリスムを撃つために必要とされたポスターは、民衆の下に芸術を取り戻すためにも必要不可欠とされたのである。

ところで、ポスターには何が期待されていたのだろうか。それは、新しい理想の提示に他ならなかった。そもそも新しい美の発酵は、「伝統的な美意識に対しては時として過激に反抗」する場合が多々あった。例として出されるのは亜欧堂田善である。田善は、当時の人々からは奇抜な絵だと見られつつも江戸のセンチメンタリズムを打ち破った者として評価されている。そして、その新しさを支えるものとして目が向けられるのが新しい材料であった。今日、桂離宮の伝統美を発見したとして知られるブルーノ・タウトは森口の世代にとっては何よりも表現主義の代表者であった。彼は、「近代の科学的発明品を使用」し、「新しい民衆の芸術」を生み出していく者として紹介されていたのである。このように、森口にあって、社会における芸術とは、人々を新しいステージへ導いていくもの、言い換えれば過去をのりこえていこうとする力強さとして存在すべきものであったのである。ポスターにはそのような機能が期待されていたのである。しかし、そのようなものとして近代日本にポスターはあったのか。森口の出した答えは否定的である。

社会的役割を果たす以前の問題を近代日本は抱えていたからである。現前の日本はまだポスターを使いこなすことすらできない姿を晒していた。普通選挙時代を迎えて日本でも選挙戦においてポスターが使用されるようになっていた。帰朝後、間もなく行われたのは昭和四年一月の東京市会選であった。場所を選ばずにあちこちに貼られているポスター。選挙後もはがされずに破れかけたポスターが風にヒラヒラ舞っている風景。さしあたってはポスター自体のでき具合は問われていない。問題はたたずまいであった。ここで思い返されているのはパリの「整調と秩序を好む」姿であった（「選挙専用の広告板」『民俗と芸術』）。決定的に欠如しているのは美意識だったのである。

そして、美意識の欠如は、東京ばかりではなく、地方都市にも及んでいる事が実感されていた。それは、他でもなく水沢の山祭りに姿を現していたのである。祭礼とは「一つの町の街上に集い群がる民衆の全体によって同時に共楽される民芸」と定義されている。その共楽は町民全体が自分も参加している事によってもたらされると考えられていた。ここで、森口が目を注いでいるのは名家の軒下である。名家の軒下にはおもいおもいに絵が描かれた掛行燈と手作りの造花が飾られていた。森口も学生時代、頼まれて「怪しげな朝顔」を描いたと思い出を語っている。その飾りつけによって「祭礼の街上は美化」されていたのである。しかし、大正・昭和の街上はどうであったか。

資材の関係よりも手間の節約と美意識の低下とから、既に十数年前から、このような飾花を作ることが廃れて、東京のカフェあたりで見かける、一寸つまんで作ったやうな簡単な造花で済ませるやうになった。そして町の人々は臨時の工匠となって花をつくる楽しみ――即ちみずからの手で伝統美をつくり出す楽しみ――を失ひ、同時に、新しく育つ者達は、安価な出来合ひの造花をもって祭りの日を迎へても何とも思はぬやうに、その情操が鈍くなったのである。（「共楽の民芸」『民俗と芸術』）

それよりも祭りの盛りあがりを削いだのは、山車が町内を練り歩かなくなり、据えつけままになってしまった事であった。各町内の誇りでもあり、さかんな時には八十人から一五十人で担がれた山車が何故そのような状況になってしまったのか。原因は、電線の増加に求められている。町の美観を損ねる電信柱と電線は町の人々が長い間伝えきた行事をも衰退・消滅させるに至ったのである。このように日本に現れた近代は新しい美をもたらすのではなく、美そのものを破壊するものとして機能してしまう場合があったのである。そして、電信柱にはりめぐらされて身動きのとれなくなっている山車を見る中ではっきりと見えてきたのは秩序の問題であり、それを支えるのは美意識にほかならないという事であったように思われる。

ところで、この秩序と美という問題はパリ以来考えられてきたはずである。その結果、森口の出した解とは、パリの美しさの根底にあるのは、美しい建築物でもなく美術品でもなく、そこに生きる人間の立居振舞いであるというものだった。立居振舞いのエッセンスは礼儀と呼ばれるものであり、それが人間の「形」に他ならなかった。ここにも美しさは形に現れるという森口のこだわりが見てとれる。昭和初期の日本の醜さは在来の形が崩壊しているにも限らず新しい形が生み出されていない点にあったのである。

第十章　閉じていく日本への危惧

思想善導論への関心

帰朝した森口が見たのは、なにか日本が日本の形を確定しようとして取り急いでいるような光景であったように思われる。それは、森口が思想善導に関心を示していることから伺われる。

新聞の報ずるところによれば、文部省の思想善導施設案の一つとして、更めて日本文化及び東洋文化の発揚に努めるべく、官立大学に左の四講座及び二学科目をもうけることに確定したさうである。

（東京日々新聞七月二日）

日本美術史（京　大）
東洋美術史（　同　）
東洋倫理史（東　北　大）
日本思想史（九　大）

国民道徳　（東京文理）
同　（鹿島文理）
斯くの如きは洵に結構なる考案で、また誰でもが直ぐに思いつきさうな考案である。
（『中央美術』昭和三年八月号）

思想善導論に関しても「文化」の観点から入っていこうとしているのが森口らしい。大正時代後期ともなるとマルクス主義の興隆に伴い、青年の思想問題が歴代の内閣によってとりあげられるようになっていた。その中から現れてきたのが思想善導論であったが、後にも見るように善導論者の語りは「国体」を振りかざしながらも、いっこうに具体性を持たないお題目的なものが多かった。そうした中で「国体」を具象するものとして、日本文化に目がつけられるようになったものと考えられる。

日本を視覚化していこうとする動き

ところで、日本を視覚化していこうとする動きは国体論的な観点からばかりではなく、さまざまな方面に見られた。国立公園法の制定も、その一つに加えてよいであろう。制定は、昭和六年、浜口内閣を引き継いだ第二次若槻内閣によってなされている。国立公園設立の議論は古く、提議されだしたのは明治時代のことであったが、大正後期になって急速に具体化していく。大正九年に政府によって候補地の選定が開始され、大正十二年には十六候補地が発表されている。そして、若槻内閣で制定にまで至ったのである。

内務大臣安達謙蔵は、法案の目的を次のように説明している。

抑々国立公園ヲ設立スル目的ハ、優秀ナル自然ノ大風景地ヲ保護開発シテ、一般世人ヲシテ容易ニ之ニ親シマシムルノ方途ヲ講ジマシテ、国民ノ保険休養乃至教化ニ資セントスル為メデアリマス

そして、なぜ急がなければならないかについては開発がどんどんなされており、放っておけば美観が損なわれかねないことがあげられている。さらなる効用としては対外的な観点が語られている。

若シ夫レ国立公園ヲ通ジテ我国ノ独特ナル大風景ヲ、広ク外国人ニ享用セシメルコトハ、彼ノ観光施設ト相俟ッテ我国ノ国情ヲ海外ニ紹介シ、国際親善上寄与スル所必ズヤ至大ノモノアリト考ヘマス

（『衆議院速記録　第五九議会　上』）

もともと浜口内閣は観光立国をめざしており、外国人観光客誘致の指標としても国立公園を定める必要があったのである。しかし、ここでさしあたって注意をしておきたいのは安達が、日本国民に対しては「優秀ナル自然」を国立公園とすると説明しているのに対し、外国の人に対しては「我国ノ独特ナル大風景」と説明していることである。外国の人には「独特」であり、日本人にとっては「優秀」な風景。ここには伝統が抜け落ちている。これまでの研究から明らかなように国立公園選定に当たっては本多静六をはじめとする自然系の学者の力が強かったことが明らかにされている（『国立公園史の研究』）。自然学者から見て価値があって雄大な場所、外国にはなくてエキゾチックな観光意欲をそそるような場所が選定されていったのである。中には霧島のようにナショナルな文化から選定されたのではないかとの推測される場

所もあった（『旅行ノススメ』）が、それは少数であった。つまり、国立公園は、伝統美とは無縁の所から選定がなされたということである。

そうした風潮は、風景については国民的関心を呼び起こしたイベントにも見られた。昭和二年、『東京日日新聞』『大阪毎日新聞』が主催した「新日本八景」の選定である。「八景」は、アットランダムに選ばれるのではなく山岳・渓谷・海岸・湖沼・河川・平原・瀑布・温泉と部門があらかじめ設定されており、各部門毎に一ヶ所ずつが選ばれる形を取っていた。そして、読者による投票が大きな意味を持ったこの選定は、各地の美観発見の動きを喚起し、さらになんとしても八景に加わりたいとの意欲は組織票を生んで、投票数はすさまじい数に上った。投票数は当時の人口が六千万人であったところ、九千三百万票に及んだのである。結局、室戸岬・十和田湖・雲仙岳・木曽川・上高地渓谷・華厳滝・別府温泉・狩勝峠が選ばれている。ここでも新しい美観の提唱が行われていた。例えば、上高地は、当時、一般の観光客が行くことはなく一般投票でも十一位であったのに委員会による最終決定で選び取られていたのである。「新日本八景」は、それまでの名所・探勝型から大自然享受型へと美観の枠組みを変えていったとされているのである（白幡洋三郎「日本八景の誕生」『環境イメージ論』）。

それでは、選定地の美は実際にはどのように見られたのであろうか。新八景決定後、両新聞社は紀行文を集めた『日本八景』を発刊している。各地に知識人が実際に旅をしたレポートを集めたものである。その言祝ぎ方に新しい見方が透けて見えるのではないだろうか。旅をするスタンスは華厳滝方面を旅した幸田露伴が代表している。委員の一人でもあった露伴は新八景の意味を「すっかりそういう古軌道にあずからず」と明確に述べている。そうした旅人たちは、景勝地を前にして日本離れしている点を褒め称えている者が多い。田山花袋は室戸岬を「とても他には見られないようなエキゾティックな庭園―ちょっと日本にはめずらしい」と評していたし、豊後湾を見ていた高浜虚子は「ここからの日出を眺めた趣などはナポリに似ているとの評判」を紹介している。別の所で虚子は、連なる山々を人々が「九州アルプス」とよんでいることも述べている。美しさの源泉が日本らしさではなく外国のどこか美しい場所と似ていることに求められているのである。

もう一つの感心の仕方は泉鏡花が十和田湖を探訪したおりの感想に見える。

海岸線まわりの急行列車が小間木へ着いたとき、旅行に経験の少ないもののあわれさは、手近な所を引き較べる……一寸伊豆の大仁《おおひと》と言った気がしたのである。が、菜の花や薄の上をすらすらと、すぐに修善寺へついて、菖蒲湯に抱かれるような、優しいのではない。駅を右に出ると、もう心細いほど、原野荒漠として、なんとも見馴れない、断れ雲が、大円の空を飛ぶ。

（泉鏡花「十和田湖」『日本八景』）

文明化されていない荒々しくも生々しい自然の姿。これまた、歌枕的な世界とは無縁な世界であった。「新日本八景」とは長い間日本人が培った美意識の上に立っているのではなく、日本ではめったに見られないようなめずらしい光景を集めたものに他ならなかったのである。

しかし、そのような転換は一挙になされたわけではなかった。露伴は湯ノ湖に「仙人」のすみかを見ている。また、ただ純粋に風景を楽しむという精神もなかなか醸成されてはこなかったのかもしれない。その場所で生きている人の暮らしと重ね合わせつつ風景を読みとろうとする姿がちらほら見受けられるのである。上高地に行った吉田玄二郎は、案内をしてくれた「上条嘉門次翁」の話があって初めて真の美しさがわかったと述べている。その他では鏡花が風景の裏に伝承を重ねることで厚みのある風景を読みとろうとしている。しかし、大正後期から昭和初期にあって見出された新しい景勝地は、和歌の歌枕としては存在するはずもなく、芭蕉でさえも行ったことのないような地であった。そうしたところにある伝承とは民俗学によって収集されたものに他ならなかった。鏡花に伝承を教えたのは郷土研究、郷土会記録だったのである。自然に意味を読みとろうとした時、助けとなるのは伝統的な物語ではなく、古老の詩や民間伝承だったのである。それはやはり王朝以来の風景世界とは全く無縁のものであった。めずらしい風景の中に新たな意味を付与しようとしても、意味を与える素材自体が伝統とは切れていたのである。

柳田の風景論

このように、国立公園制定・新日本八景の確定と日本の視覚化がなされていったが、実はそこには日本らしさとは何かとの問いは希薄だった。これに対して、風景の中に日本らしさを読みとろうとしたのが柳田国男であった。柳田が論じたのは、隔絶した特異点の絶景ではなく、人々が日々、生活を営んでいる暮らしの場であった（佐藤健二『風景の生産・風景の解放』）。日常からかけ離れた眺望ではなく、平地に降り立った視線から見える風景を大切なものと考えたのである。だから、弥次喜多のような旅が、好意的にとらえられることとなる。

昔の旅人が詩歌文章に映し出すことが出来て、伝へて置いてくれたものは一部であったといふことも解ってきた。弥次郎兵衛、喜多八といふ類の漂浪者の、素朴単純なる旅の昂奮の中には、多くの名状し得なかった感銘があったことも心付かれた。（「風景推移」『明治大正史　世相編』）

そこから導き出される必然は、風景は変貌していくのが当たり前であるということであった。そして、近代の変貌を柳田はおおむね肯定的にとらえていたように思われる。多くの花々が植え付けられるようになって村は明るくなったとしていた。また、「鉄の文化」も殺風景として消し去ってはいけないとし、「多数民衆の感覚を無視」して風景を論じてはいけないと戒めていたのである。しかし、柳田はお気楽な近代化論者でなかったのはいうまでもない。日々、生活の場たる風景がただ変わっていけばよいとはしていなかったのである。

都市の公園経営は大抵はこの旧城址の利用に端を発して居る。（中略）併し少なくとも、古くから有るものを残すといふことも、やはり故郷を美しくする手段の一つであることは、此経験が先ず教へてくれた。（中略）少なくとも土地の美観といふものは多数の意思を集めて、始めて成り立つといふことだけは教へてくれた。

過去と向き合うことと、過去といかに調和することが同時に求められている。つまり、風景とは特定の時に生きている者たちが勝手にしてよいものでもなかった。過去の人々の堆積の上に風景はなりたっていたからである。過去を尊重し、その上にいかにして今を付け加えようかと苦慮するときに美しい風景が生まれると考えていたのである。だから、開発イコール、風景の破壊とは考えてはいなかった。鎮守の森の周辺の「ただの林」が畑となり、鎮守の森が浮き出るようになったとき、新しい美が付け加わったと感じるだけの感性を持っていたのである（「故郷異郷」）。柳田にあって、風景とは自然のままにあるのではなく、人々の日々の営みが作り上げていくものに他ならなかった。風景とは生の自然ではなく、その時々の人々の暮らしを精一杯反映したものであった。人間がいてはじめて風景とは成立するものだったのである。まさしく、風景とは作られるものであるとの言葉に柳田の風景論は集約されるように思われる。

内藤湖南の風景論

そして、このような風景観と響きあっていたのが内藤湖南の「日本風景観」であったように思われる。実は、湖南は『大阪毎日新聞』の八景選定によせて記事を載せている。それが、「日本風景観」だったのである。そこでは八景選定に対して批判的な言辞がなされている。湖南が、まず頼りにするのは中国画家たちの八景を始めとする風景画に対する態度である。

シナにおける風景に対する古来の画家の考えを総括すると、画家はかならずしも雄抜な景色をのみ求めるのでなく、むしろ平凡な景色の間に画趣をなすべきものを捉えて発見するということが、後世ほど盛んになってきているようである。

中国では「雄抜なるもの」よりも「住まるべきような風景」が求められるようになっていったというのである。これは生半可な西洋風景の知識に基づいて「雄抜」なる風景を求めた新八景に対する批判ともなっている。では、なぜ、「住まるべきような風景」を描くことが優れているのか。ここで、湖南は一種の発展段階論を展開している。古くは中国でも幽谷の山水を描くことが好まれたが、それは神秘的な自然観が土台にあったからで文明宗教たる仏教が入ってきたことによってその迷信が吹き飛ばされ、もっと親しみやすい風景画が描かれるようになったと。しかし、昭和の日本に同じ論法は通用するはずもなかった。中国における風景画の変遷は、歴史的経緯を説明するために必要だったのである。昭和の日本にあって平凡な風景の中に美を見出すのを求めたのは、そこから本当の日本人らしい風景観が生まれ育ってくるのを期待していたからであった。「刺激的な風景」を描いてすましているうちは、画家は画題に寄りかかって本当の美意識を育てそこなってしまうおそれがあった。人々が生活している身近な風景を描けてこそ近代日本にふさわしい美意識が生まれてくると考えていたのである。そして、それは、しばしば湖南の風景論として知られている志賀とのやりとりにもつながっているように思われる。志賀が「山岳」と言ったのに対し、湖南は「裾野」こそが日本の風景だと言ったとされている。「裾野」とは人々の生活空間と山頂との間の世界であった。そこは身近でありながら手つかずの自然が残っている空間だったのである。中国でも西洋でもそうした空間が開発され尽くしてしまったのに日本では残っている。そこに日本らしい風景を湖南は見出していたのである。そして、それは野に生活する人々にとっては見上げた時に目にする空間であり、身近な世界に包摂されるべき空間だったのである。表だっては言われていないが、そうした生活者の視座を湖南は絶えず意識していたのではないだろうか。

というのも湖南の日本文化論では、民衆の台頭が現代日本の起点とされているからである。有名な現代を理解するためには応仁の乱以前を見る必要がないとの言は、ひとえに応仁の乱を通じて民衆が台頭して時代の担い手となっていったことを指摘していた。網野善彦は、もっとさかのぼらせて十四世紀の時代の裂け目こそが時代の転換であることを強調したが、湖南も南北朝期に新たな時代の胎動を見ており、その点では一致していたはずである。ここで一つ、付け加えておくならば、民衆の台頭が文化の発展をもたらすというような予定調和的な思考は持ち合わせていなかった。彼は足利時代になって肖像画が増えていくが、鑑賞眼が悪いために粗悪な作品ばかりが作られていると手厳しい。逆に命がけで文化を守ろうとした一条兼良らが賞賛されたりしているのである。民衆の時代にあっていかに良質の文化を守るかは人ごとではなかったかもしれない。というのも、南北朝期以降の動乱期について湖南の語りようは驚くほど大正デモクラシー的だったからである。様々な歴史的事象は当時のジャーナリズムで使用されていた言葉によって説明されている。後宇多天皇や花園天皇の思想は「革新」的思想と呼ばれている（特に後宇多は「密教的ピュウリタニズム」の興隆者として新時代への転換を呼び起こしたとされ重要視されている）。他には一向宗が「危険思想」、応仁の乱期は「改造」の時代といった具合である。危機感の表れは、一九二〇年代と「暗黒時代」とが重ね合わされていたことに見ることができる。

具体的な事例としては、南北朝期を語る際に「神国思想」の成立を取り上げていることである。これについては肯定的な意味合いも含まれていた。それまで仰ぎ見ていたような中華文明からの独立を「神国思想」の成立に見ていたからである。モンゴル人は犬の子孫であるとの言い伝えがあるとした上で、そのモンゴル人に中国が征服されてしまったのを聞いて、中国コンプレックスが吹っ飛んでしまったとしたのである。それ以後、日本は中国文明からの自立を図るようになり、日本独自の文化が作られてきたとして重要視されていたのである。

しかし、「神国思想」が、対中華文明独立宣言である限りは効用があったとしても、それが一人歩きしようものならこの上ない毒薬になる危険性があった。だから、それをさますように独立したからよい文化ができるとは限らないとして風景画にしろ、中国の絵を超える作品をどれくらい生み出したかと問いかけているのである。

そうした中で、湖南にはどうしても正しておかなければならないものがあった。日本文化の起源についてである。それは『日本文化研究』巻頭におかれた「日本文化とは何ぞや」においてじっくりと語られている。湖南は、日本文化を「種」のように考えるのは間違っていると力説する。これだと、確固たる日本文化なるものが最初からあって、中華文明や西洋文明を養分として成長していくイメージを喚起してしまうからである。湖南にとって日本とは徹頭徹尾、周辺文化であった。それならば、「はじまり」から中華文明の存在が意味を持たないはずはないと考えたのである。「種」に変わるイメージは「にがり」であった。日本文化には、文化の素のようなものはたくさんあったとする。しかし、自分自身の力ではそれを集め、一つの体系を持った文化として構築することができなかったとするのである。その時、圧倒的な力を持った中華文明が「にがり」として作用し、ようやく日本文化は発進することができたとしていたのである。政治的混乱期にある中国を見つめつつも最後まで湖南は、中国文化の底力については確固たる自信があったようである（フォーゲル『内藤湖南　ポリティックスとシノロジー』）。だから、そうした中華文明の影響を受けて日本文化が成立したと言っても湖南の自我が傷付くことはまったくなかった。しかし、万邦無比の国体を論じている者からすれば、湖南のような立論はもってのほかであった。『日本文化研究』に収められた文化論は、講演集で、各地で語られたものであるが、社会的な力とはなっていかなかった。では、これに対して思想善導で語られた自画像はどのようなものだったのであろうか。

思想善導論の中の自画像

思想善導は、昭和二年に成立した田中内閣によって強力に推し進められた。当時、民政党はこれを批判したが、思想善導政策自体を批判したのではなく、「腐敗臭」に満ちている田中内閣には思想善導をする資格はないとの批判の仕方であった。却って、浜口内閣のもとでは教化総動員運動という形でより具体的に思想善導が推し進められることとなったのである。具体的には、講演、ポスター・パンフレットの配布、訓辞といった紋切り型の運動であったが、国家的意思で思想善導がはかられていった事に変わりはなかった。田中内閣期の〝流行ぶり〟については次のような記事がある。

文部省は最初三百五十万円の予算を以て、思想善導施設案を立てたが、結局本年の実際問題としては、十四万円余の思想善導施設費の責任支出を得て大学専門学校等に新にそのための学生主事及び主事補を増員して、その監督を充実せしめることになった。教育雑誌は何れも思想善導問題について諸家の意見を求め、或は論文を発表したりした。（『昭和三年史』）

この後、単行本の出版状況の説明がなされているが、その中に「文部省の思想善導標準書と称する」ものとして国民作興会編『思想善導講話』（第一出版協会）があげられている。ここでは、『思想善導講話』を取り上げて、どのような思考がなされているかを見ておきたい。まず、語られているのは国家のありがたさである。これがひたすら語られていく。中には他国の物乞いの少年が、自分の国をばかにされて恵んでもらったものを突き返すエピソードも入れ込まれている。そこだけを取れば、どこの国にもナショナリズムがあるとの話である。しかし、日本は、その中にあって無比の存在でなければならない。そこで日本の優越を語ろうとして、ひたすら天皇にもたれかかっていくのである。一つは「神武以来」連綿と続く一系の持つ優越性が指摘されるが、その続いた説明ともあいまって強調されるのは天皇と国民の情誼的一体性である。自分勝手な振舞の果てに亡命をして落ちぶれてしまったカイゼルに対して常に国民のことを思い続ける天皇。それは、始源に立ち返って説明されている。

天照大神の如きは自ら、人民のために殖産興業にお力をつくされ、天の狭田、天の長田に、春は苗を植え、秋は稲を刈ってその手本を示され又蚕業のことまでおすすめになったのである。これ即ち人民を本位としての建国であったのである。又、人民はすべてこの宗家の下にあって支配されるのではなく、これを尊び、これを敬して、その命に従ったのである。これこそ真の国家といふべきである。

「支配」概念を西洋権力国家に従属するものとして、日本では思い思われるとの関係が構築されている「完全な国家」であるというのである。そして、その結果、人々が自由と平等を享受できる「民本主義」の世を現出させたとしているのである。ここでも、大急ぎにデモクラシーとの相違が語られている。根底には個人主義ではなく集団主義があるとの注釈である。だからこそ、そうした善い国の国民は忠君愛国の精神を持たなくてはならないというのである。

では、そうした「完全な国家」においてなぜ「危険思想」が流行するのか。これについては受け取る青年の心理学的な観点から説明がなされている。つまり、自分が世の中を変えられるとの空想と流行思想に乗りたいとする虚栄心が流行の源泉であるとしている。そして、背景については愛国の徒としては信じられない説明がなされている。それは、古来日本には独創の思想がない、ということである。だから、外国思想が流入してくるとたやすくかぶれてしまう。心から湧き上がってきたものではない、自分で考えてもいないのに流行にかぶれただけの「危険思想」は、やがて後悔するだけの存在であると切り捨てているのである。そういえば、別の所では経済的にも日本は二流であることが認められていた。独創的な思想も生み出すことができず、経済的にも弱い日本。そして、日本に危険思想を蔓延させようとする邪悪な国々の存在。そうした自虐的、被害妄想的な思考がかいま見えてくる。このように考えれば考えるほど、天皇によりかかっていこうとする傾向がにじみ出ている著書が、この思想善導の「標準書」だったのである。

そして、このような国体論的に思想善導を推し進めていこうとする動きは、その後も変わらなかった。浜口内閣期の教化総動員運動でも欧化の行き過ぎが国体観念を弱体化させたとの言がまかり通っていたのである（一戸兵衛「教化運動の目的について」『民政』）。中には、新渡戸稲造のように国民思想を確立させて、世界に寄与できるように日本人がなることを強調する者もあったが、それは大きな声とはなっていきはしなかった（「国威は内より外へ」『民政』）。後のことになるが、文部省に設置された学生思想問題調査会において河合栄治郎・蝋山政道は、青年たちが社会問題に向き合う中でマルクス主義に接近したことや彼らが実は理想主義者のカテゴリーに入ることを強調したが全くの少数意見にとどまったのである（『学生思想問題』）。このように一九二〇年代の日本にあって一方では内向きの思考が幅を効かせるようになってきていたように思われる。

森口の思想善導論批判

こうした状況の中で森口による思想善導政策に対する論評が書かれたのである。森口は、さしあたって文部省の推し進める東洋文化・日本文化研究の推進に賛成の意を示す。しかし、同時に注文もつけているのである。それは、「概説」ではなくて「根底」について研究が推し進められなければならないとするものだった。「概説」とはすでにできあがっている物語を口甘く語ることであった。それは、既知の確認に過ぎず、新たな知の地平を切り開くに当たってなんら意味のあるものではなかったのである。ましてや青年たちへの刺激たりうるものではなかったからである。そして、同時に同じくらいの情熱を以て西洋文化の研究の重要性を説かれているのである。

私共は自国の文化の深化と拡張と更新を望むならば、自己をイージーゴーイングの境地に低回せしめたる或種の伝統の甘美な誘惑に対して時として敢然と目を閉じることも亦必要である。そして自国の會て持たなかったもの、乃至永く忘れてゐたものをば、他国の文化から摂取し、かくて自国の「新しい伝統」を創造するための一の陣痛をも経験しなければならぬ。

（前掲「造形美術者の見たる思想善導策」）

思想善導政策推進者たちは欧化が過ぎたとして、日本文化をもっと講じなければならないとしていたが、森口にあってはそれこそが滅びに至る道に他ならなかった。国家が生き生きとするためには文化が生き生きとしていなければならなかった。ところが、文部省が推進する日本文化研究とはたえざる自己確認にすぎず、それは干からびたものでしかなかったのである。それは甘美な自己満足の中に滅んでいく道に他ならなかった。新たな日本文化を生み出すためには、比較対照の存在として西洋文化の研究は不可欠だったのである。そして、現代文化は、欧化に反対しようが賛成しようがどうしようもなく、西洋文化が入り込んでしまっていた。取られるべき道は、西洋文化が日本の文化を堕落させるとして、それらを引きはがすことではなく、どのように摂取して「新しい伝統」を作り出すかであった。「概説」ではなく「根底」を研究する必要性を説いていた本当の意図はそこにあった。過去における日本の外国文化の導入は「根底」を見ずして利用できる断片を取り入れていたきらいがあったと考えていた。強度の高い新しい日本文化を創り出すためには「根底」の次元で向き合うことが必要だった。森口にあっては西洋文化の摂取はまだなされていなかったのである。

そして、このような観点から考えた時、近代日本のあり方は大いに批判の対象となったのである。森口が例の一つとしてあげているのは電信柱が覆い尽くしている町の風景であった。これについては唯物論批判にかこつけて厳しい批判がなされている。唯物論の系に効率第一主義があるとして、安易な効率を求めた近代日本が醜い日本を生み出してしまったとしているのである。大切なのは、現代社会にふさわしい美意識の創出だったというのである。家の中ではきちんとしている者が、家の外に出た瞬間から他人の迷惑も考えないようなふるまいを行ってしまう現実。開かれた社会にふさわしい美意識・倫理観の創出こそが本当に必要なことであった。西洋文化は、その点から言っても大切な参照系であった。小さな日本の殻に閉じこもろうとする行き方に安易な賛同を示すことはできなかったのである。

第十一章　民俗の発見

『美術概論』

前節までに述べたように、帰国後の日本では、教育界では国体論的世界観が、建築界においては機能論的世界観が自己の正義を高らかに謳っていた。建築界で言えば、師匠である佐藤功一たちが苦戦を強いられていた。佐藤の名を今に残す大隈講堂の完成は昭和三年であるが、世の中は確実にコンクリートで作られた白い壁が主流になっていく。このようにいくつもの正義が声高に述べられるようになっていく中で森口は自分のよって立つ足場はどこにあるかを模索していったように思われる。そして、その一応の答えが昭和四年二月二十日発行の日付を持つ『美術概論』（早稲田大学出版部）であった。これは、当時、早稲田大学出版部が出していた文化科学叢書の一冊として出されたもので、すでに『宗教学概論』『人文地理学概論』『言語学概論』『神話学概論』『政治学概論』『史学概論』が出版されていた。執筆は、すべて早稲田大学教授によってなされていた。一見して既刊のものと異なるのは「学」がついていないことである。

もちろん、これは自覚的になされていたことであった。森口は語る。この書は「独逸風」に煩瑣な思弁によってなされたのではなく、「唯だ永年一個の鑑賞者として経験してきたことから忠実に帰納して、自分の常々考へてゐた事に漸く組織を与へたに過ぎぬ」と。あくまでもさまざまなものを見てきた観察者が、見てきた限りにおいて語るとの禁欲的な姿勢を明らかにしている。裏を返せば、今まで見てきたことの集大成との意味が込められていると言って良いかもしれない。見られたものはさまざまな分野にまたがっていた。だから、森口が美術といったときの領域は広く、「絵画、彫刻、建築」などさまざまにまたがっていた。そうしたものを見ていくスタンスは次のように語られている。

私は併し出来得る限り標本の採集に際して関心範囲を偏らせないやうに注意したつもりである。（中略）私はこの心境を利用して、古い芸術と新しい芸術とを、原始人の芸術と文明人の芸術とを、東洋の芸術と西洋の芸術とを、この小さな研究の天地に、平等と親愛とをもって同居させようとした。

変な先入観を持たず、真っ直ぐに対象と向き合うことで聞こえてくるものに耳を傾けていこうとする。批評の世界に飛び込んだときの向き合い方と同じものの言いようである。つまり、東洋より西洋の方を、原始より現代の方をすぐれているとする進化論的な発想をここでもとらないと言っているのである。

しかし、このような前提自体が間違っているとの声が聞こえてくるのは当然、予想されるものであったであろう。どうして現代芸術と原始芸術を等価に見ることができるのか。そうした疑問に対する答えはシンプルだった。「形態」がすべてであるというのが森口の答えである。芸術作品に込められている哲学的前提とかは一旦無視して「純粋な形態」が表現するところを鑑賞しようと言っているのである。だから、前近代においてしばしば強烈に見られる「宗教的情熱」とかも鑑賞の邪魔になると考えた。見えるものを見えなくしてしまうからである。

高野山の二十五菩薩来迎図は藤原時代の宗教美術の傑作であるが、その美的価値は、浄土信仰に関連する宗教的概念の説明に存するのではなく、寧ろ、菩薩の白い肌の輪郭線に用ゐられた臙脂色の均整な線を主要の効果とするところの感覚的形式に存するのである。

来迎図の魅力は画面を構成している線と色に一旦解消され、そこから美をとりだそうとしているところにある。線と色から作品ができていることは原始も現代も変わりがない。同じであるからこそ、森口は、絵画なり工芸なりに引かれる線や色にこだわった。色については、現代芸術家ではカンデンスキーの試みに注目している。ところで、色と線の説明を較べたとき、線の方に力が入っているように思われる。線を引くことについては「混沌の世界に明瞭正確なる形の階和を実現せしむるところのもの」と述べられている。線を引くことは芸術家が世界を創造する第一歩に他ならなかった。森口は、生み出すことの神秘さを線を引くことの中に見ていたかも知れないのである。そして、長らく線は色の影に隠れているきらいがあったが、現代になって復権してきたとの認識もあった。ゴーギャンやマティスの挑戦にそれはみられるというのである。言ってみれば、それは、原始への回帰に他ならない。実は、『美術概論』には、扉に一枚だけ、カラーの絵が使われているが、それはマティスの「若き船乗り」なのである。線への並々ならぬ思いをそこに見ることができるであろう。

ところで美術作品が線と色からできていると言って、優劣はどのようにして決められるのか。その辺りは、東洋美術の「気禀」概念から説明されている。序文に述べられていたように、それは東洋と西洋も等価であった。それ故、東洋の美術に関する見解も耳を傾けるべき見解として引用されていたのである。さて、東洋美術では気禀あふれた作品が優れた作品とされていた。そして、それは西洋画でも事は同じであるとされているのである。気禀あふれる作品を描いたセザンヌのリンゴは生きているのである。ここで、森口が補助線として使うのが「様式化」と「様式をもつ」事の違いである。「様式をもつ」ことは悪いことではないと言う。それは、自分なりに対象を表現しようとしてたどり着いたスタイルに他ならないからである。生活面においてもモダン・スタイルといえばパリでは断髪などがその属性として紹介されている。そして、そのような新しいモードに対して森口は鷹揚であった。ところが、「様式化」とは生み出された様式を後生大事に守ろうとすることで画面から生命を奪ってしまうものに他ならなかった。技巧的にはいかに優れていようとも死んだ画面。作品の優劣は、作り出された画面にどれだけ生き生きとした生命が宿っているかどうかがメルクマールだったのである。だから、現代と原始の区別は問題にならなかったのである。

しかし、それでも「原始芸術」の意義はまだ半分しか明らかにされたとは言えなかった。それは、「原始芸術」が芸術作品として鑑賞に足ることを証明したに過ぎず、作品のインデックスが増加したにすぎなかったからである。しかも、美を美として感じさせているのはその時代の人々の美意識であると述べたことは、同時代に生み出された芸術作品の方が適合性が高いと言ったに等しいであろう。現代には現代にあった芸術作品が生み出されるのである。しかし、森口はまさしく現代が現代であることに「原始芸術」の存在意義をかけるのである。

智識の進歩に伴って写実技法も発達し、理智的に表面の形を整へることだけが主要なる努力なり興味となってくれば、その反動として人は過去を振返ってアルカイク式の作品に心の渇を癒さんと欲するものである。アルカイク時代の作家は、肉附けの技法にもプロポーションの決定にも未だ熟達せず、また透視画法すらも殆ど識らなかった代りには、この現象的な自然の浮動的な変化やくだくだしい細部の興味に煩はされることなく、殆ど超自然的な情熱をもって国民的情操の造形化に魂を打込み、その結果彼等の作品は超写実の造形的神秘として後世の吾々の前に現出し、その大きな味はひと神韻的な情趣とは、表面的な写実と平板な人間感情に飽きた芸術家に、新しいインスピレーションを与へるのである。

現代人は、「智識」を肥大化させていった結果、「細部」にこだわりすぎて大切なものを見失いがちになっているとされる。その時、その袋小路を打ち破ってくれるのがアルカイックな芸術だったのである。ロマネスクの稚拙さを「野蛮」としかとらえようしない見方には、ロダンの「若かった時分には、私はこれらのものは皆んな醜いものに思われた。近視人の眼で眺めたからだ」との言葉をもって対抗している。まさしく、近代人が生気を失いつつあるとき、それをよみがえらせる起爆剤として「原始芸術」は位置づけられていたのである。

ところで、そもそも美術は、どのように発生してきたものなのか。ここでも、森口は始源に立ち返って考えようとする。たどり着いたのは美術は、最初においては何らかの効用性を持っていたのではないかということだった。簡単に思いつかれるのは「実用性」である。単なる機能性の優秀性さではなく、そこに何らかの装飾性が求められたときに美術が始まったとしたのである。石鏃の発達に自己の見解は確認されている。森口の特徴は、その発生の意味をものすごく大切なものと考えたことだった。ある意味で美術の魂と思っていたふしがある。だから、実用性を離れた純粋な美こそが真の芸術作品と思われがちになっても、生活に結びついた美を一つ下のランクの下卑た美術部門とは考えなかった。だから、工芸に対して温かいまなざしを向け続けたのである。

そして、もう一つの効用が「魔術性」であった。森口はアルタミラ洞窟を見学してその意を強くしている。ここから導き出される結論は二つである。まず、一つ目は、美術とは気楽なものではないということ。アルタミラ洞窟に描かれていた絵が洞窟の奥であったことに森口は驚愕の意を隠さない。ここに描くこと／描かれることで何らかの力が発生すると期待した人々の思いを読みとったのである。その期待を担って絵は描かれたのであった。そして、そこから第二の結論が導き出される。それが、美術は最初から「社会性」を持っていたとする見解である。人々のために美術はあった。支えてくれるのは人々の共感であった。そして、この共感がなければ美術は成り立っていかないことは現代でも変わらないと考えていたはずである。だからこそ、森口は、プロレタリア芸術をまだ、芸術以前であるとしていた。共感を得ようとするのではなく、プロパガンダの道具として作品が作られているように感じていたからである。一方的な押しつけではなく、共感を得ようと努力するとき真のプロレタリア芸術が誕生するとしていたのであった。「原始芸術」は自己目的化し、ややもすれば自分を見失いかねない現代美術に芸術の意味を問いかける役目も果たしていたのである。

残った問題は民族性と現代性であった。その問題は、建築を中心として論じられている。当時、建築界では素材の革新が行われており、コンクリートによって生み出される美が語られ始めていた。そうした時に心配されるのが民族性の喪失であった。どこの国でも同じように作られていくビルディング。無国籍の街の現出が夢想されたりしていた。森口は、これについてはきわめて楽観的であった。芸術とはそこに生きる人々の共感によって成り立っているという確信が持たれていたからである。それならば、民族によって必ず受け入れ方に差異が生じると考えたのである。引かれているのは古い例である。中宮寺の弥勒菩薩像（当時は如意輪観音とされていた）の半伽思惟の姿は、日本人にとっては仏にあるまじき姿勢として後代に引き継がれなかったとされている。このように民族に拒否する力が宿っている限り、固有の建築がなされていくはずだったのある。

ところで、コンクリート建築が増加していくにあたって心配されるのは、建築から装飾が消えていくことであった。機能論者からすれば何の問題もないが装飾研究家である森口にとっては重要な問題であった。ゴシックに託してそのことは語られている。「ゴティック工匠たちは、自然と人間の直接の共感に浸って其処から装飾のモティーフを取り出したのである」と。装飾とは単なる構造体への付け足しではなく、構造美をさらに極立てる立派な芸術だったのである。しかし、一方において「様式化」が進むに連れて装飾のための装飾がなされ、それに頼って建築物の構造としての美しさも失われていったことも事実であるとも認識していたのである。そうした状況は、打破されなくてはならなかったが、そのために提唱されているのが「建築なり工芸なりを伝襲的様式から解放して、それを最も始元的の形体的要素に還元してみる」ことであった。装飾の将来を案じながら森口が現代の最も優れた挑戦であると見なしていたのはル・コルビュジェの仕事であった。

「容量」が最も端的に顕示された場合には、それは幾何学的形体である、そしてル・コルビュジェーは幾何学的形体を「始元の形」と呼び、世にも美しい形はこれであるとなしてゐる。何故美しいかと云へば、一目して明瞭に了解されるからである。其故に、美しい容量は、最も明瞭に了解され得る形体でなければならぬ、従って美しい容量を有する建築といふのは、幾何学的形体によって構成されたものでなければならぬ。

ここでは、森口が彼の思考で大切にしていた始源（始元）を奇しくもコルビュジェが使用しているのを見て取ることができる。コルビュジェによる直線の切り立った建築物は、世界を創造する一本の線のように見えたかもしれなかった。行き詰まった現代をなぎ払うために呼び戻される始源。コルビュジェは、その偉大なる実践者に他ならなかった。そこでは、「原始芸術」が、ほこりをかぶった骨董趣味ではなく現代芸術と交換しあっている。そして、現代にふさわしい瑞々しい構造ができあがったとき、付け足しではなく、有るべき所にあるものとして装飾が施されるようになると森口は考えていたように思われる。

『世界美術全集』

このように『美術概論』において森口は、現代芸術と「原始芸術」を等価に鑑賞する見方が示されていた。また、そこでは東洋と西洋も等価のものとして扱われていたのである。しかし、このような見方は、全く孤立したものではなかった。昭和二年、平凡社は『世界美術全集』の刊行を発表している。編集委員の一人である田辺孝次は編集方針について「従来の美術書と全く類型を異にした此の年代横断法」をとったと述べている（『世界美術全集月報』第一号）。同じく『月報』一号では、第一回配本の『ルネサンスと東山時代』について編集委員である黒田鵬心によって次のように宣伝されていた。

西洋のルネサンスと言へば、即ち文芸復興期で中世の暗い芸術が明るく甦へり大家巨匠排出し、絵画に彫刻に建築に工芸に幾多の傑作を遺した時代であり、東洋で言へば、日本の足利時代は、宋風の絵画が全盛を極め、桃山時代は一世の英傑である豊太閤によって、建築を中心として絵画、工芸の絢爛たる時代を現出した。

横断法とは同時代と把握された複数の地域が同じ巻におさめられていく方法だった。構成としては主に西洋・東洋・日本の三本が柱となっていたが、適宜ローカルな地域の美術が紹介される形を取っていた。そこでは、西洋と東洋とが文化の優劣なく等価のものとして並べられていたのである。

では、この『全集』は、だれを読者として予想していたのか。下中弥三郎が「美術の大衆化」を唱えていたように一般の人々を読者として予定していた。それもそのはずで『現代大衆文学全集』が当たったのを受けて、第二弾として企画されたのが『美術全集』だったのである。しかも、この企画は大当たりして十二万部の読者を獲得したという（『平凡社六十年史』）。どれだけ、この全集が人々に読まれ、理解されたかは別にしてこのような企画がなされ、一般大衆に提示されたことに意味があるように思われる。

そして、この全集の評議委員五十余人の一人として森口は名前も連ねているのである。どういう経緯で森口がこの企画に参加するようになったかは明らかでないが、評議委員の中に伊東忠太や佐藤功一の名前が連なっていることから、彼らお師匠さんがらみであることが推察される。この企画には同じく彼らの弟子であった今和次郎も評議委員に名前が見え、執筆もしている。

ところで、不明と言えば、どうして横断法をとることになったか、その経緯はよくわからない。「一般普通の人々」にわかってもらう一番良い方法と説明がなされているが、説得力を持ち得ていない。そこで、可能性の一つとしてあげられるのが伊東忠太の存在である。伊東は、大正十五年、帝国学士院会員となり、昭和三年には東京帝国大学を定年退官して早稲田大学教授になるなど、建築界における重鎮としての地位はゆるぎないものとなっていた。しかし、実際にはモダニズム建築台頭の中で伊東の歴史主義的建築は力を失いつつあったのである（鈴木博之「伊東忠太　その私的全体性」『伊東忠太を知っていますか』）。伊東の夢は、東洋、ひいては日本建築が西洋建築と肩を並べることにあった。そのための法隆寺エンタシス説であり、東洋走破だったはずである。大正末から昭和初期にかけても西洋模倣をやめて、独自の建築を生み出す努力をせよと呼びかけている。そうして伊東の思いが西洋と東洋・日本が並ぶ構成となった一つの要因としてあったのではないかと思われるが、ここでは可能性の一つとして指摘しておくにとどめざるを得ない。

しかし実際、『全集』における伊東の活躍はめざましい。中国以外の東洋のほとんどを伊東が執筆しているのである。項目だけ拾ってみると「サラセン建築」「初期サラセン建築」「マウル建築総説」「莫臥児朝の印度建築」「古代極西亜細亜建築」「薩珊建築総説」「北シリア建築総説」「突厥民族の芸術」「印度建築の発生と発達」「印度教建築総説」「ガンダーラ芸術」「毱多朝以前の印度建築」「毱多朝及びその以後の印度仏教芸術」「ジャヴァ建築総説」「チャム建築総説」「カンボジア建築総説」「緬甸建築総説」「暹羅建築総説」「安南建築総説」「西蔵建築総説」となる。中東から中央アジア、インド、東南アジアがカバーされていることがわかるであろう。それは若き日に伊東がたどった道であった。その知見を後代に託すかのように執筆がなされているのである。

そして、それに寄り添うようにして西洋美術の総説を書いていたのが森口であった。ローマ時代から始まってビザンチン、プレ・ロマネスク、ロマネスク、ゴシックを経てルネサンス直後、十八世紀後半、自然主義、印象派、北欧現代の絵画もしくは工芸を担当しており、さながら森口による西洋美術史の感がある。研究の進んでいるルネサンス以降の執筆は少なくなるが、前近代、特に西洋中世美術については中心的存在だったのである。プレ・ロマネスク美術については次のように述べている。

其等の芸術を鑑賞する場合吾々は先ず古典的美学から解放されなければならぬ。そうすれば其処に吾々は近代の最も新しい表現主義芸術とさへも一脈相通ずる感興を捉へることができるであらう。

（『世界美術全集　五巻』）

固定化された美意識から解放されたとき、瑞々しい独自の美術としてプレ・ロマネスクが見えてくることが力説されている。伊東も森口もややもすれば「野蛮」とされてふりむくものの少なかった地域・時代を主に扱い、その存在意義を訴えていたのである。『全集』は、確かに新しい試みであった。しかし、それが可能になったのは付け焼き刃ではなく、価値なき美術として見向きもされなかった時代に価値を見出し、それを愛情を持って見ていた者たちがいて初めて可能であったと言えるのではないだろうか。

さらに、平凡社では『全集』の好調に気をよくして、本巻に引き続いて別巻十八冊を刊行している。別巻は、テーマ別編集という色彩が強いが、その中に「民俗芸術」の巻（『別巻十五』）がある。巻頭の総説は石井伯亭・田辺孝次が担当し、その他の地域を各担当が紹介するという構成を取っている。森口は、留学での見聞をふまえてイタリアとフランスを担当していた。しかし、この巻は、よく見ると混濁とした巻であった。巻頭の石井の総説は「原始芸術論」との題で、「未開人」とされていた人々の状況説明に終始しているし、次の田辺の「民芸概論」は、とにかく民芸というのは民衆が高級な材料を用いずに作ったものので「農民美術」も「民芸」もすべて同じであるとしており、はなはだ雑駁なものだった。各論においても論者によって「民芸」「原始芸術」「土人芸術」「土俗芸術」「民俗芸術」「民族芸術」といったように使用される語はまちまちであり、執筆者間で使用概念に関してすりあわせが行われた形跡は全く見られない。この時期の「基層文化」に関するまなざしがいかに混沌とし、形成過程であったかをよく示してるように思われる。そうした中で森口は自分の担当において「民芸」の語を用いていたが、明らかに「民俗芸術」の意で「民芸」の語を使用している。人々の暮らしの中から生み出されてきた芸術という意味である。現代イタリア・フランスにあっても生き生きと民俗芸術が息づいているのを語っていたのである。

「民俗芸術家としての東北人」

では、日本の民俗とはどのように向き合っていたのだろうか。実は、この時期、森口を民俗、しかも東北の民俗に誘う者があった。佐々木喜善である。当時、喜善は、仙台にいた。世俗的な仕事に向いていなかった喜善は遠野村長で痛手を被り、仙台にやってきていたのである。生活は苦しかった。しかし、喜善の力を惜しむ者たちがさまざまな場を用意してくれていたのである。その一つが仙台放送局が企画した「東北土俗講座」であった。放送は、昭和四年六月から昭和五年一月まで続けられている（菊池照雄

『佐々木喜善―遠野伝承の人―』）。

講演者には柳田や折口が呼ばれていたが、「農民芸術の第一人者」として森口も呼ばれていたのである。開講の辞は、喜善が行っている。民俗学という形成途上にある学問が東北を発信源として広く知られることを喜ばしいとする喜善自身の昂奮が伝わってくるような挨拶であった。これに対して、柳田、折口の講演からは淡々とした口ぶりが伝わってくる。二人とも日本民俗学の構築をめざした発言がやはり目を引く。柳田は、東北人とは南方からの「移住者」であるとの自説を展開し、古いものが残っている東北に目をこらすことで日本の姿が見えてくると述べていた。折口は、東北文学を論じて、彼らに文学を伝えた漂泊者について語り、言ってみれば文学の流通の観点から東北を見つめようとしていた。

しかし、そうした「一つの日本」を語り出す観点ばかりが語られていた訳ではない。例えば、柳田は、「真の地方主義」について語っていたのである。

吾々の政治は既に群の力を認めて居て、然もまだ個人と群との関係がどう動いて居たかは説明し得る人が無いのです。（中略）是に答へ得るものは、静かに自分の土地の生活を考察して、是を隔絶した他の同種の地方と、互ひに比較し得る愛郷者でなければならぬと思って居ります。

（「東北と郷土研究」『東北の土俗』）

どうしてそのように感じ、行動してしまうのかはその地を愛し、他の地方と比較できる者を待って初めてできるとしているのである。「一つの日本」を視野に入れつつも東北が東北である独自性も認めていたのである。

そうした中で森口は、現代にあって東北がどのような意味を持っているかを語ろうとした。その結論には「私共が今まで軽々に見過ごしてきた郷土の伝統的な表現に、新しい興味と価値とを見出すことが私共の義務であらうと、斯う私は考へる次第であります」とあるように、民俗は決して骨董品ではなく、現代社会に「価値」のあるものでなければならないと主張している。いわば、過去から民俗を見るのではなく、現代から民俗をみようとしたのである。そうしたとき、まず、目に入ったのが、東北の人たちが作り上げてきたさまざまな工芸品であった。郷土玩具が、流行りだしている中で東北が生み出した工芸品は、どんなインパクトを与えることが出来るのか。そうした中で注目されていた一つがカマガミであった。

カマガミは恐ろしい顔をして居れば居る程その機能を発揮する、といふ考へから、さういふ面相を出来るだけ実感的に表現しようとする努力が費され、その結果は、現在各所に残ってゐるやうな木彫や土製の仮面、一の芸術的表現として見ても面白いカマガミの仮面が制作されるに至ったのであります。

（「民俗芸術家としての東北人」『東北の土俗』）

当時、流行していた郷土玩具は「愛玩的性質をもって美しく作られ」たものが多かった。そうしたものとは別の位相として、いわば、魂をゆさぶるものとしての民俗芸術品を提示しようとしたのである。

そして、可愛く美しい玩具の中に江戸文化のセンティメンタリズムに通じるものが感じられていたのかもしれなかった。森口は情緒でぼかそうとする江戸文化はセンティメンタリズムとして、低い評価しか与えなかったが、昭和初期を覆っている雰囲気にも同じものを感じていたのである。そうした雰囲気を打破するものとして生き生きとした祭礼、その中でも特に舞踊の持つ可能性を高く評価していたのである。その典型が獅子踊りであった。

> 第一にその踊りが決して機械的でもなく、単調でもなく、情熱にあふれ、力に充ちています。その情熱は、徳川時代の文芸趣味で養われたものには到底分りッこのないものです。踊り手が、既に鹿でもない、ライオンでもない、一種、名のつけようのない怪物になりきってゐるところから生じる原始的な情熱と力とは、全く素晴らしいものです。
>
> （前掲「民俗芸術家としての東北人」）

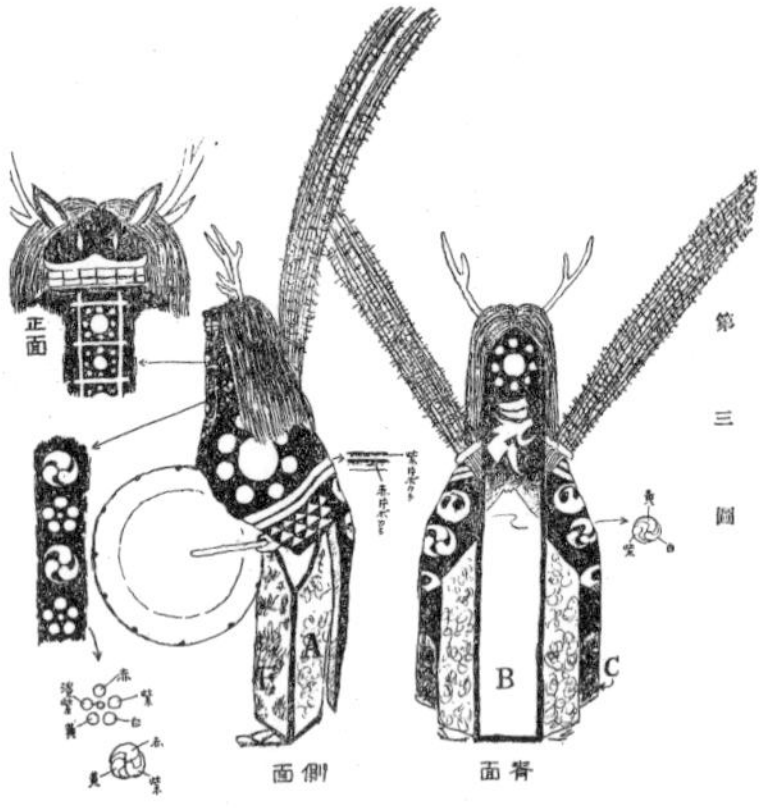

森口がスケッチした獅子踊りの扮装

呼び起こされるのはやはり「原始的」な力である。それに身をゆだねることは現代人を「日常生活」から解放してくれる「剛壮にして神秘なる韻律の世界」へと解き放ってくれるものであった。生活に疲れている現代人に生の更新を与えてくれるものとして獅子踊りはあったのである。獅子踊りの持つ生々しさは以前においては未開の証と見られがちだったかもしれないが、森口にあっては大いに胸を張って言えることだったのである。そして、ラジオを通じて語ることで東北の人々に誇りを与えようとの意も含まれていたかもしれない。

榛名山美術研究所

このように、森口は、徹頭徹尾、鑑賞者として批評を展開した。戦後になると民俗芸能に関するさまざまなプロジェクトに関わるようになる森口であるが、戦前においてはほとんど運動めいたものと関わることはなかった。しかし、そうした中で運動の応援者として姿を現わすことが一度あった。それが、竹久夢二が構想した榛名山美術研究所の建設である。昭和五年五月、夢二は研究所設立について趣意書を発表した。趣意書の賛同者には森口の他に、島崎藤村、有島生馬、高野六郎、丸山鶴吉、藤島武二が名前を連ねている。夢二自身は、次のように述べている。現代は、破壊ばかりで建設がなされていない時代であり、再建への第一歩として「自己の生活から建ててゆかなければならない」と。そして、その見直しの中で「市場の移り気な顧客を強ひて求め」ず「自己の感覚に忠実」な制作を行ってゆく必要のあることが主張されていたのである。

森口は、夢二の作品に対しては大いに評価している。江戸情緒を嫌った森口からは意外な感じがするが、そのような見方こそが間違っているというのである。

それ［夢二の人気：筆者注］は誰でもあの情緒的な特異性による者だと思ってゐる。まったくそれに違ひないのであるが、その特異性に自然さと真実とがなければ、あれほど人を惹きつけることができない。（中略）自然さがあったからこそ、世間の人々は夢二のタイプをこの現実の社会に見出し、或いはその現実性を信じ、夢二の人物を自分等と同じ地上の空気を吸うて生きてゐる者として親縁性を感じたのである。

（「追憶　其二」『明治大正の洋画』）

夢二の情緒は、江戸の伝習からなされたのではなく、夢二が自然と向き合い、それとの格闘の中で生み出されてきたとの把握がなされている。だからこそ、夢二の女性は、「旧幕時代に逆戻り」したニムフでもなく、「西洋の借着をした」ニムフでもなく、「明治大正のニムフ」となり得たのだとと考えていた。情緒の向こう側にあるリアリティに夢二の本質を読みとっていたのである。

そうした森口と夢二の交流は、大正初年に始まっていた。立ち消えとなってしまった雑誌創刊に両者が関わっていたのがきっかけだとされている。森口留学後にいったんその交流は途絶えたが、昭和初年になって復活していた。そうした中で研究所設立を決意した夢二が森口を訪ねてくる。「榛名山の農民美術研究所の趣旨書のことで、朝早く訪ねてきたときの竹久君は、どういふわけか、眼には目脂をつけて爺むさい顔」をしていたと記憶されている。実際、当時の夢二の日記をひもといてみると行き詰まり感を感じていたことがわかる。森口も大正後期以降の夢二の作品にマンネリズムを感じていた。

夢二自身、すでに突破口を試みていた。「どんたく人形」の制作はその一つとしてあげられるかもしれない。昭和五年には銀座資生堂で「雛によする展覧会」として展覧会が開かれている。森口は、どんたく人形を夢二が「もっとリアルな世界を探し求めた」結果であると評している。そして、リアルさは人形にとって悪趣味をもたらすことが多いが「生来の異国情調と、泉の如く自発的に湧き来る抒情」が悪趣味を「撃退」しているとして新しい創造への挑戦と受けとっていたのである（「『雛によする展覧会』の夢二」『明治大正の洋画』）。榛名山の研究所はその延長線上にあったのである。

当時、玩具をはじめとする工芸品は、人々の関心を集めていた。留学前、農民美術を批判していた森口であったが、帰ってきてみると「民芸」と呼ばれることが多くなっていたという。言うまでもなく、その中心には柳宗悦の活動があった。そもそも「民芸」という語自体が柳たちの造語なのである（熊倉功夫『民芸の発見』）。民芸運動に対して森口は、農民美術運動のように反発はしていなかったが、違和感は抱いていたようである。それは、世間の誤解も含めて「下手物」という言葉をめぐってであった。「民芸」には、人が見向きもしなかったモノに対してあえて美を見出すとのニュアンスがつきまとっているという（「民俗工芸小感」『民俗と芸術』）。森口は、農民たちが生活の中から作り出したさまざまな制作品を心底美しいものと感じていた。そこには素朴な美が宿っており、決して「下手物」などではなかったのである。そして、もう一つは、「民芸」が制作品だけを取り出して論じていることも違和感を感ずる一つではなかったかと思われる。民俗芸術は、農民の生活の中から生まれてくる。その背景となる生活の把握が民芸論には弱かったと思われたのである。そうしたとき、生活立て直しのための美術研究所建設を持ちかけられる。乗らないはずはなかったのである。

「田園の新しい喜びのために」と題する森口の応援文は、新たな「形」を生み出すことの喜びを力強く語ろうとしている。昔、「新石器時代人の人間」が初めて「焼物の壺」を作ったときのように制作の喜びを味わう必要性を説いている。もし、それが、あまりに「ロマンティックに聞こえる」ならば、それこそ「感性の麻痺」している証だとする。そして、田園に生きる人たちに向かって呼びかけるのである。

既にさういふ郷土芸術【郷土舞踏・郷土民謡：筆者注】を有する日本の田園は、何故に工芸の上で郷土の材料と情操とを表現する機会を怠ってゐるのか。個性の発揮から個性の誇張にまで堕落した都会の展覧会芸術の暑苦しい喘ぎから懸け離れて、超個人的な民俗工芸の協和的なアトリエが現出することを、私共は切実に要望しなければならない。

（「榛名山美術研究所建設の趣意書」『生誕一二〇年記念　竹久夢二展』）

農村部においても自分たちで作ったものではなくに街で売っている既製品を使用するようになっていることに、森口は秘かな危惧を抱いていた。民俗芸術には価値がある。それは、現代芸術家がこざかしい理知に基づいて個性を必死になって生み出そうとしているのに対して、もっと深いところにたゆたっている力に導かれて生み出されてくるものだからである。そうした「田園」の持っている力をより広く呼び起こしてくれる触媒として榛名山研究所に期待を寄せていたのである。しかし、その構想は、夢二の渡米によって日の目を見ることなく終わりになってしまう。一つの可能性は、可能性のままで終わってしまったのである。

深いところに流れる力にふれる

このように現代芸術は人間の小さな理知に頼って生命力にあふれた作品を生み出さなくなってしまうことが危惧されていた。しかし、もしかしたら森口自身がいつのまにかそうなっていたかもしれなかったのである。

しかし、私は今でも忘れることが出来ないが、昭和五年の四月、郷土舞踊・民謡大会で秋田県の飾山囃を見てゐる間に、わけの分らぬ涙が流れ出て仕方がなかった。舞台では青年の囃方が熾んに楽器を鳴らし、その前で揃ひの衣裳の町娘の一群が溌剌と踊ってゐた。それを観てゐて何故涙を流すのか、その感傷の正体は自分にも分らなかった。

（『民俗と芸術』序）

飾山囃の旋律に身をゆだねているとき、何かがはじけたのである。彼の論じていた深いところに流れる力に彼自身が触れた瞬間であったかもしれない。まさしく、理知の次元で語られていた民俗の意義が情のレベルにおいても実感できたと言うことであろうか。民俗の意味が本当の意味で発見されたのである。この後、森口は、すぐには民俗芸能の道へとは進まなかったが、敗戦ですべてを失った後、文化の再建を民俗芸能に託して、力強く後半生への道を歩き出すこととなるのである。

おわりに

大正から昭和初期にかけて西洋文化の姿をまとった近代文化は人々の生活の次元にまで入り込み始めていた。民俗社会にも変容が見られ、危機意識の中から民俗学が興隆してもくる。そうした、ともすれば対立軸上に置かれかねない近代と民俗の間に立って、両者を等価値に見ることのできるまなざしを森口多里は持ち得ていた。そのまなざしが可能か否かは、民俗を迷妄の所産と見ることなく意味を見いだせるか否かにかかっていたように思われる。鍵は、森口の文化観が握っていた。森口にとって文化とは生き生きとした生を人々に与えるエネルギー体のようなものだった。それをさまざまな回路を通じてどのくらい人々の情感に訴えかけられるかが文化の持っている力に他ならなかった。その中で、美の姿をまとった形としてとりだされたのが美術品に他ならない。しかし、文化のカテゴリーには、絵画や工芸品にとどまらず、言葉や生活のようなものまでもが含まれていたのである。そうであるならば、人々に生き生きとした情感を与えることができれば、どんな形で生み出されたものであっても価値のあるものとして見出されていったのである。

しかし、そうしたまなざしは突如として獲得されたわけではなかった。森口がたどった道筋の中で徐々に獲得されていったのである。出発点は、幼少時に豊かな民俗世界を味わったことだった。明治の後半になっても水沢の町には民俗的世界が息づいていた。それを増幅させたのが折に触れて語られた母による話である。母の話によって、ただの木は鬼が落ちてきた特別な木へと変貌し意味づけられる。そして、森口を語る上で大切なのは、エキゾチックな近代文化の流入にさらされながらも、後年に至るまで母の物語る民俗世界を森口が迷妄の世界として否定しさってしまわなかったことである。

もちろん、ゆらぎはあった。早稲田大学に入り、文学・建築・美術の中間領域に立って研究をし続けている間に、ふと気づけば都市生活者の感性に浸されている自分が見出される。大正期、東京は、加速度的に都市化が進み、新たな風景が広がり始めていた。動的でダイナミックに変貌していく世界に胸をときめかせている自分を見出したとき、遠い故郷はくすんだ光景として見えてしまったのである。しかし、それでも胸にはひっかかるものがあった。そうした中で出会ったのがニーチェの言うディオニソス的精神である。特にそれは舞踊の歓喜の中に見て取れるものだった。小さな自己を吹き飛ばし、大いなるものとの一体化を感じるというディオニソス的精神は、近代と民俗の差異をも吹き飛ばすものだった。価値の多寡は時間の新旧ではなく、いかに豊饒なディオニソス的精神を表現しているかが問題となるからである。このように民俗文化も西洋近代文化も意味ある世界として認知し得たことで森口は、近代か民俗かとのアポリアを脱することができたのである。

さらに、『黄金の馬』では民俗の意義を主張し始めてもいた。そこに収められた昔話群は、ひからびた理知の力に覆われた近代に生気を与える起爆剤となるものとして期待されたのである。そして、それを補強したのが西洋留学体験であった。森口の世代の留学は、一世代前の留学とは様相を異にしている。留学の目的は、国家のためなどではなく自己のためになされていたからである。森口は、大学の講義に出るよりも自分の好きな場所に旅をし、旅を通じて思考を重ねていっている。旅先は、好んで辺境の地が選ばれた。そして、それを通じて発見されたのがヨーロッパ社会に強固に残っている民俗の層であった。民俗文化に取って代わって近代文化が成立したのではなく、民俗文化の上に近代文化が咲き誇っているとのイメージ。もし、それが正しいとするならば日本とて、民俗文化の上に日本の近代文化を作り上げていくことはまっとうなこととなる。

帰国した森口は、平凡社『世界美術大全集』の編集に加わるが、執筆項目は西洋美術の中でも基層文化にあたるロマネスク文化やプレ・ロマネスク文化といった中世ヨーロッパや別巻の民俗文化についてであり、留学時の知見が惜しげもなく示されていた。しかし、それでも理解のレベルはまだ浅かったかもしれなかった。そうした中で飾山囃を民俗芸能大会で見たときに、知らないうちに滂沱の涙があふれてきてしまったのである。このときこそが、理知の次元での理解が情のレベルまで高まった瞬間だったように思われる。まさしく民俗は発見されたのである。

このように民俗文化は、それ自体としても意味があったし、近代を生気あるものとして存続させるためにも意味が見出されていった。では、民俗文化が生き続けるためにはどうしたらよいか。それは、一にも二にも人々の参加にかかっていると考えられていた。それは、生活の中から生み出されてくるものだった。日々の生活の形が祭りの形を決定したのである。それについては、昭和初期の時点では楽観視されていたように思われる。しかし、近代の経済的側面である資本主義は甘くはなかった。人々が自らの手から生み出されていたさまざまな物に取って代わって、店で気軽に買える擬似製品が幅を利かすようになっていったからである。昭和十年代になると伝統的な染め物が中央からやってきた衣料品に圧倒されてしまったことなどが報告され出す。それは、生活の形が変わっていくことを意味していた。森口は、祭りのありようは日々の生活の形が決定すると考えていた。文化の発する地点にたどり着くことのできる歓喜の乱舞は、日々の日常生活のあり方に支えられていたのである。祭りにおけるエネルギーの立ち上がりは、活気ある日々の生活を土台としてしか成立し得なかった。昭和十年代の森口の目に映ったのは、社会や文化に活力を与えるエネルギー体になるどころかそれ自体が圧殺されかかっている民俗の姿ではなかったか。おまけに、戦況の悪化は、民俗行事を担う男たちも村から奪い取ってしまったのである。そして、森口も資料が空襲にあい、すべてを失ってしまう。やがて、空襲にあう前から疎開していた妻方の郷里である黒沢尻にて敗戦を迎えるのである。

そして、敗戦後、森口は村々をまわり始める。当時、「ヤクザ踊り」と森口が評するアナーキーな乱痴気騒ぎが流行っていたが、それは全く評価に値しないものだった。「ヤクザ踊り」が文化の発生するエネルギーのたゆたう場に触れ得るとは到底思えなかったからである。こうして、存亡の危機のある民俗文化を正確に記録しておくために、言ってみれば未来への「タイム・カプセル」として民俗調査としての旅が選ばれていく。やがて『岩手県民俗芸能誌』に結実する長い長い旅の始まりである。

戦後、森口が携わったのはそればかりではなかった。民俗芸能の再生の道筋をつけようとも考えていたのである。昭和二十一年八月十五日には第一回岩手郷土芸能芸能祭の開催にこぎつけている。主催は、岩手郷土会・岩手新報社であった。

越後人で早稲田出身の野島寿平氏が盛岡に住んでいて終戦後岩手新報という日刊紙を出していたが、この野島氏の発案で年に一回郷土芸能祭を催すことになり、その実行機関として岩手郷土芸能会が組織され、会長は旧藩主の家を継いでおられる南部利英氏、副会長はこのわたしということになった。会長は名ばかりで会合に顔を見せたこともなく、したがって事実上の会長はわたしであった。

（『岩手県民族芸能誌』あとがき）

その他では北上市民俗芸能大会の開催にも関わっていた（『炎の伝承〝北上・みちのく芸能祭りの軌跡〟』北上・みちのく芸能祭り実行委員会）。第一回は昭和三十七年に開かれ、現在でも盛大に行われている催し物である。

ややもすれば失われてしまう行事をタイム・カプセルのように保存し、それと同時に新しい種を播いていこうとする試み。現在、東北では鬼剣舞や鹿踊りといった民俗芸能を小学校教育の中に取り込むことで伝承が図られている。しかし、それを支える生活の形はどうであろうか。森口は大正から昭和にかけて近代や西洋の持っている意味を十分評価した上で、それに互するものとして民俗や生活に意義を見出していった。瑞々しい文化を生み出すためには民俗・生活が活力を帯びていることが不可欠とされていた。その生き生きとした暮らしを取り戻すためにも森口のたどった道を追体験することは意味のないことではないように思われる。

参考文献

森口多里の著作（本書に関係するもの）
『ロマン・ロウラン原作ミレー評伝（現代の美術特別号）』日本洋画協会、一九一四年
『異端の画家』日本美術学院、一九二〇年
『ローマネスクの文化と建築』洪洋社、一九二一年
『ゴシックの文化と建築』洪洋社、一九二一年
『ロマン・ロラン　ミーレー』弘文館、一九二一年
『近代美術史論』日本評論社、一九二三年
『美を味はふ心』目黒文店、一九二三年
『近代美術十二講』東京堂、一九二三年
『文化的住宅の研究』アルス、一九二三年（林いと子と共著）
『黄金の馬』実業之日本社、一九二五年
『ビザンチンの文化と建築』洪洋社、一九二五年（木村幸一郎と共著）
『ローマの文化と建築』洪洋社、一九二七年
『美術概論』早稲田大学出版部、一九二九年
『ゴチック彫刻』アトリエ社、一九四〇年
『明治大正の洋画』東京堂、一九四一年
『中村彝』アトリエ社、一九四一年
『美的文化』東京堂、一九四一年

『続ゴチック彫刻』アトリエ社、一九四一年
『民俗と芸術』二見書房、一九四二年
『美術五十年史』鱒書房、一九四三年
『美と生活』鱒書房、一九四三年
『町の民俗』三国書房、一九四三年
『日本の民俗』第一法規、一九六一年
『岩手県民俗芸能誌』錦正社、一九七一年
『昔話研究資料叢書別巻　黄金の馬』三弥井書店、一九七一年
『新訂増補　町の民俗』歴史図書社、一九七九年
『民俗の四季』歴史図書社、一九八〇年
森口多里先生論集刊行委員会編『森口多里論集　美術編』第一法規、一九八六年
森口多里先生論集刊行委員会編『森口多里論集　民俗編』第一法規、一九八六年

はじめに

『きたかみ民俗散歩　森口多里とともに』北上市立博物館、一九九四年
長谷川堯『神殿か獄舎か』相模書房、一九七二年

第一章

『水沢町誌』岩手県胆澤軍水沢町役場、一九三一年
水沢市史編纂委員会『水沢市史　民俗編』水沢市史刊行会、一九七八年

第二章

『梶田恵回顧展』家具の博物館、一九八〇年

井村君江編『日夏耿之助文集』ちくま学芸文庫、二〇〇四年
『日夏耿之助全集第一巻　転身の頌他』河出書房新社、一九七二年
黄眠会編『詩人日夏耿之助』新樹社、一九七二年
筒井清忠『西條八十』中公叢書、二〇〇五年
猿渡紀代子『長谷川潔の世界　上』有隣堂、一九九七年
鈴木貞美『「生命」で読む日本近代』NHKブックス、一九九六年
吉野作造『現代の政治』実業之日本社、一九一四年
磯田光一『萩原朔太郎』講談社、一九八七年
原田勝正「東京の市街地拡大と鉄道網」原田他『東京・関東大震災前後』日本経済評論社、一九九七年
武田信明『三四郎の乗った汽車』教育出版、一九九九年
北沢憲昭『「境界」の美術史』ブリュッケ、二〇〇〇年
森口多里（杜口なぎさの名）「囚われ乙女」『文藝の三越』一九一四年

第三章

岩佐壮四郎『抱月のベル・エポック』大修館、一九九八年
島村抱月『文芸講話』婦人文庫刊行会、一九一七年

第四章

柳田国男『明治大正史四　世相編』朝日新聞社、一九三一年
林田春潮・森口多里『日本美術史講話』文学普及会、一九一四年

第五章

長谷川尭『都市廻廊』相模書房、一九七五年

藤森照信『日本の近代建築　上・下巻』岩波新書、一九九三年
佐藤功一全集刊行会『佐藤功一全集第三巻　建築談叢』土木建築工業新聞社、一九四二年
佐藤功一全集刊行会『佐藤功一全集第四巻　住宅雑纂』土木建築工業新聞社、一九四一年
『今和次郎全集二　民家論』ドメス出版、一九七一年
『今和次郎全集三　民家採集』ドメス出版、一九七一年
『今和次郎全集四　住居論』ドメス出版、一九七一年
『今和次郎全集九　造形論』ドメス出版、一九七二年
今和次郎『日本の民家』更生閣書店、一九二七年
田中修司『西村伊作の楽しき住家』はる書房、二〇〇一年
藤森照信「今和次郎の逆襲―昭和建築の始点と終点―」『建築作家の時代』Libro、一九八七年

第六章

『日本民俗学大系　一一巻』平凡社、一九五八年
赤坂憲雄『山の精神史』小学館、一九九一年
『遠野市立博物館第四九回特別展　日本のグリム・佐々木喜善』遠野市立博物館、二〇〇四年
三好京三『遠野夢詩人』ＰＨＰ文庫、一九九一年
『佐々木喜善全集一　江刺郡昔話他』遠野市立博物館、一九八七年
『佐々木喜善全集四　日記』遠野市立博物館、二〇〇三年
飯倉昭平編『柳田国男・南方熊楠往復書簡集　下巻』平凡社ライブラリー、一九九四年
天野藤男『農村と娯楽』藩洋社、一九一三年
稲垣恭子「若者文化における秩序と反秩序―盆踊りの禁止と復興をめぐって―」稲垣他編『不良・ヒーロー・左傾』

人文書院、二〇〇二年
『柳田国男全集二　雪国の春他』ちくま文庫、一九八九年
小寺融吉『近代舞踊史論』日本評論社、一九二二年
小寺融吉『舞踊の美学的研究』春陽堂、一九二八年
小寺融吉『日本近世舞踊史』雄山閣、一九三一年
兵藤裕己『演じられた近代』岩波書店、二〇〇五年

第七章

『柳田全集八巻　口承文芸考』ちくま文庫、一九九〇年
エレン・ケイ（原田実訳）『児童の世紀』大同館、一九一六年
川原和枝『子供観の近代』中公新書、一九九八年
桑原三郎『鈴木三重吉の童話』非売品、一九六〇年
根本正義『鈴木三重吉と「赤い鳥」』鳩の森書房、一九七三年

第八章

『北海道・東北地方の火の民俗』明玄書房、一九八四年
今橋映子『異都憧憬　日本人のパリ』柏書房、一九九七年
和田博文他『言語都市・パリ』藤原書店、二〇〇二年
和田博文他『パリ・日本人の心象地図』藤原書店、二〇〇四年
朝日晃『佐伯祐三のパリ』大日本絵画、一九九四年
朝日晃『そして佐伯祐三のパリ』大日本絵画、二〇〇一年
森口多里「Mondialismeの時代」北原義雄編『最近美術の動き』アトリエ社、一九三〇年

第九章

吉見俊哉『都市のドラマトゥルギー』弘文堂、一九八七年

今和次郎『考現学入門』ちくま文庫、一九八七年

『今和次郎集一　考現学』ドメス出版、一九七一年

今和次郎編『新版大東京案内　上・下』ちくま学芸文庫、二〇〇一年

川添登『今和次郎』リブロポート、一九八七年

黒石いずみ『「建築外」の思考　今和次郎論』ドメス出版、二〇〇〇年

板垣鷹穂シンポジウム実行委員会『板垣鷹穂シンポジウム報告書』二〇〇四年

板垣鷹穂『芸術的現代の諸相』六文館、一九三一年

板垣鷹穂『新しき芸術の獲得』天人社、一九三〇年

板垣鷹穂「機械と芸術との交流」『モダン都市文学　六』平凡社、

藤森照信他編『写真集　幻景の東京』柏書房、一九九八年

第十章

『帝国議会衆議院議事速記録　第五九議会　上』東京大学出版会、一九八三年

村串仁三郎『国立公園史の研究』法政大学出版部、二〇〇五年

白幡洋三郎『近代都市公園史の研究』思文閣出版、一九九五年

白幡洋三郎『旅行のススメ』中公新書、一九九六年

白幡洋三郎「日本八景の誕生」古川彰・大西行雄編『環境イメージ論』弘文堂、一九九二年

荒山正彦「風景のローカリズム」「郷土」研究会編『郷土　表象と実践』嵯峨野書店、二〇〇三年

荒山正彦「近代日本における風景論の系譜」松原隆一郎『〈風景〉を再考する』青弓社、二〇〇四年

『美しき日本　大正昭和の旅展』江戸東京博物館、二〇〇五年
幸田露伴他『日本八景』平凡社ライブラリー、二〇〇五年
佐藤健二『風景の生産・風景の解放』講談社メチエ、一九九七年
山本教彦・上田誉志美共著『風景の成立　志賀重昂と『日本風景論』』海風社、一九九七年
内藤湖南『日本文化研究　上・下』講談社学術文庫、一九七六年
フォーゲル『内藤湖南　ポリティクスとシノロジー』平凡社、一九八九年
年史刊行会編『昭和三年史』年史刊行会、一九二八年
国民作興会編『思想善導講話』第一出版協会、一九二八年
河合栄治郎・蝋山政道『学生思想問題』岩波書店、一九三二年

第十一章

岸田日出刀『建築学者伊東忠太』乾元社、一九二五年
鈴木博之編著『伊東忠太を知っていますか』王国社、二〇〇三年
井上章一『法隆寺の精神史』弘文堂、一九九四年
『平凡社六十年史』平凡社、一九七四年
菊池照雄『改訂版　佐々木喜善―遠野伝承の人―』遠野市立博物館、一九九六年
日本放送協会東北支部編『東北の民俗』一誠社、一九三三年
『生誕一二〇年記念　竹久夢二展』朝日新聞社、二〇〇四年
関谷定夫『竹久夢二―精神の遍歴』東洋書林、二〇〇〇年

おわりに

『美の伝承〝北上・みちのく芸能祭りの軌跡〟』北上・みちのく芸能祭り実行委員会、一九九八年

自然	人工物	その他
日・月・森・日光・小鳥・野の花		わが王領こそはげにも目覚めつれ・そは恐らく久遠にめざめしなるべし
	自動車・航空機	すべて遊戯はこれ道義なり
気海・快走艇・風・泉の爆声	天主公教会・煙突・翁面・モナリイザ	月蝕の夜の十字街に索迷せるさまに
樹・枝・葉・果物・核・制染色体・細胞・風・日	靴	われをして歩みの道程にあらしめよ
閑古鳥・蜥蜴・風防林・花崗岩・山脈	緑色のりぼん	沙門は瞑目せり・久遠に久遠に
月光・夜の花・若葉	鉄軌	木の間深く沈黙と暗黒とは・密通の口づけに心狂へり
高山・落日		一人をして生きしめよ
野・天・地・落日		きらきらと全世界に膨らむ
日光		なべては皆・偶像なれや
魚族・海草・日	エジプト模様・沈没船	
颱風		かくて終に凄惨たる最終裁判の日は・きたれるなり
畜類・公孫樹・葉・鴎	小琴	朝は極めて寂莫なりき・伶人はなほその歩みをつづけんとす
野犬・星・地・風・浪・山・谷		他は野犬徒に吠へ続くあるのみ
日光	街上電車・車台	
木彫・急行車		
悪水・日・月	窓・ちゃるめら・白たび・梵音・内陣	
空・遊星		銀の涙す・四月の夜
丘・雲		地平はむらさきに暮れ
明銀		
空・星		暁の星は顔あをざめてただ・性急にあさわらふのみ
嵐		我はわが神の可憐なる侍童なり
村雨・雷雨	哀憐の花苑	はたた神世を領し・雷雨後の清純ぞ来ねれ
棕櫚の葉・白樺の幹・空・山々月	生絹・鍍金	空は碧玉の頸飾にして
白薔薇・きんぽうげ・波・地平	白金の手斧	ささやかなる羽虫のかくも蠢動せるを
海鴨	煤煙・工場の大鉄鍾・自動艇のエンジン	われはみる地上に栄えわたれる光と
茂林・大金星・月光		
薔薇の花・谷間		天上より降り来る騒擾をままならしめよ
波・白馬	銀冠・包帯	戦闘は大気緑明のまなかにあり
風・砂礫・含羞草・地蜂・日光		
空・鳥・青き馬・日光		
白鳥		瑠璃色び夏の世界に於て
雲・一鳥	街路	暮れ方の街路銀に光り・双刀の相交線を作る
小さき鳩		
	指輪	
	壺	
空気・曙光・赤き木の実	黒き家浪	赤き木の実一つ地に委ちて・世界は遂に一転あり
空・遊星		
小鳥		市民の跫音つねにかなしくまろび
	楽奏	
日の光		
青き隕石・花		神わが世の扉口にいまします
河畔・白馬・星・・草葉・枯葉		
雲雀・地蜂・夜鳴鳥・青く病みたる月		白昼のもの静かなる殺戮はてたれば
風		人々一旦に死を孕まん
家畜・微風・高原	自動車・堺標	ああ何故にすべて忙ぎ歩めたる・こころ縛せらるたるか
日光・かい樹・宝石鉱・月夜・燐光・火		
	シャンパアニュ・聖金杯	
	黄金の鈴・貴金属	ああわが肌の細胞にいと鮮やかなるその鈴の音よ
雪・上天		
銀波・雲雀・草の葉・鮭		生命の銀波うたひ・奇蹟の昔にかへらし玉へ
春の雨・火	飾窓	ああ人間の命あふれ出でたる・油とかせし春の雨
太陽・小鳥・月・星・小川	黄金のランプ・火燭・茂林・小川	慷抑にして純聖なればわれら自然の生殖部に埋没す

〈資料１〉日夏耿之介『転身の頌』使用語彙項目分類

No.	年・月（大正）	題　名	季節	時	場	人間・神
42	2・12	王領のめざめ	春	春宵		王領・王土・番卒・女王・王子
79	2・12	遊民歌序	春			信ず・遊び・飢者・警吏
86	3・2	古風な月				涙・巡羅・神楽舞・肉情・殉死
50	3・3	羞明	猛夏		街頭	神
52	3・3	崖上沙門		八月・秋		赤衣の沙門
53	3・3	無言礼拝		夜	並樹街	子
15	3・4	祈願の一齣				大神
41	3・4	紅宵				呼吸
65	3・4	生命				騒擾
68	3・4	海底世界				若き水死者
73	3・4	神領追憶記		白宵		神・市人・小事業・偏盲の牧人・裸体女性
76	3・4	伶人の朝	秋	朝	山門	跫音・堂母・伝統美・美服・偏盲の女
78	3・4	漂泊者				女性
80	3・4	坂路に於ける感触				法悦・神経性疼痛・処女・みづをち
81	3・4	白き足				青年侍従・踏切番・淫婦・燥狂人・蠢動
82	3・4	うるわしき傀儡なれど				右手・脈拍・胸・血液・皮膚
91	3・4	痴情小曲	春	あした・まひる・白宵	牢獄・大街・僧院	囚人・売女・舟子・尼
22	3・5	涙	四月			
23	3・5	人は在らず				
48	3・5	真珠母の夢			中空	
70	3・5	女		暁		裸形の女・髪・もろ手
3	3・6	Une Jouisssance				青春・玻璃・理智・神
93	3・6	挨拶			こう野	挨拶・神世
94	3・6	女性と万象と				女性
4	3・8	喜悦は神に				磔の嬰児・神
5	3・8	非力は褻瀆也				漁夫・
16	3・9	魂は音楽の上に	四月	夜		狂死・女児・黒瞳・吐息
46	3・9	騒擾	八月			
47	3・9	雲		暮方・夜		裂傷・涙
69	3・9	憤怒	猛夏			緑髪のもの・神経系統・女人の屍
2	3・10	かかるとき我生く				
20	3・10	癡者をして				恋・君主・市民・涙・こう笑
25	3・11	こころの重錐落ちたり	夏			心の重錘・黒き窓
26	3・11	薄暮の街路・銀にひかり		暮れ方		
27	3・11	小さき鳩の叫びごえ!				
28	3・11	たましひは夜の月のやどる		夜		魂・瞳・髪
29	3・11	かぎりもなき悲哀を汲み取り	春・夏			泪
30	3・11	大気はあけぼのに酔いて				
31	3・11	やはらかき双つの手				泪
32	3・11	市民の跫音は恆にもの悲しくまろび				市民
33	3・11	青く哭しめる				女性
24	3・12	秋の日・黄にただれ墜ちて	秋			
37	3・12	古譚				二個の賢人・多く民草・神・愛人
38	3・12	白鳥の歌		薄暮		瞳・騎馬
39	3・12	洞穴を穿て	夏	夕		
51	3・12	訪問		宵・夜		灯の侍童
59	4・1	歩人			街頭	視神経
85	4・1	火の竈人	六月	夜		少女・黒瞳・涙
96	4・1	聖頌		夜		神経質・衝動・慟哭・歓呼・乳房・女人
97	4・1	浄光				麗人・霊性・王者・痙攣・女
11	4・2	白き雪の上の大反射				
17	4・2	心望	春	朝		礼拝・瞑目こう手・神・涙
89	4・2	悲劇役者の春の夜	春	夜	巷	道化・悲劇役者・喧騒・女・美少年・哲学者・按摩
98	4・2	黄金恋慕曲		夜・暗夜		賤人・犯罪美少年・恋人の屍体・美女

自然	人工物	その他
太陽·火		
大地·雨	都	力ある律動の快感よ
地球·風		
雲·太陽·縞蜥蜴·暴風·陽炎		流動体結晶の飛沫よ
満月·風防林·連峰·大傾斜面·渓谷·月夜鳥	水車場·黒衣の裾	
一塵·日		
砂丘·魚		人々没落し去る·懸念に堪へざるなり
月	花苑·寝衣·白なめしの小靴·銀笛	
電工体·石灰石·大空·光		
星·賢き星		われらの愛をして生きしめよ
荒海·さかしき星·波間		わが生命ぢぢと亡び·泡沫とともに消滅せむとおぼゆ
		かかる人間神化の痙攣のすべてなり
紅玉類		わが愛のあしどり速くすぎゆかば·うたかたのごとく砕け散らむなり
		大いなる喜びもて
緑の若葉·百日紅の老樹		かすかなる深紅のそのながれを感ず
空気·雲·水流·天		神学教授の眼まことに青し
翼·烈風·宇宙		点在するは弱小·微体

場所	結　末
	瓢箪のお陰で長者となり二人の童子と楽しく暮らす
	石地蔵達が玄関に大判小判の入った袋を置いていってくれる
	兄は妻の腰を打ちのめし瓢箪の力で治そうとしたが治らない
	殺された童が自分の面を作って竈前の柱に懸ければ家が富み栄えると教えてくれる
	雁が落ちてきたと思って爺を婆がたたき殺してしまう
	老人が家の中に入ってきてだんだん家が栄えるようになる
	婆がウントクを家から追い出しもとの貧乏に戻る
	隣家の爺が鬼から大瘤を額につけられる
	隣の爺は猿に川へ落され這々の体で家に帰ってくる
	長者は井戸にいやがる座頭を落した後、家が傾いていく
	息子は天から落ちて桑の木に引っかかる
	小僧が女房の首を鹿達に食べさせたが女房の声だけが残り谺となった
	和尚が芥子粒となった鬼を喰ってしまう
	上の二人の娘は恥ずかしさのあまり鼠となってしまう
	お告げのまま怠け者の一人を婿としてしまう
	放屁によって粉が婆の臍の所についてしまったのでなめた
	火箸の痕跡によって亀頭となる
	陽物が長くのびてしまったが剛の女がそれを切り落とす
	欠腕のお陰で金箱を盗み出しそれをもらって幸福者となる
	朝·起こそうと思って筵をはぐと小判に変わっていた
梁川村	人と共に渡された棺の中から黄金が出てきて家が富む
米里村	地中に沈んで宝を背負った牛を得ようとしたが得られず
水沢	金の出る小臼で一度にたくさん取ろうとして臼を失う
水沢	馬が逃げて駒ヶ岳の中に隠れてしまう
	駒形の伝承について二つ
江刺	異界からやってきた女性の子供が秀衡
江刺·和賀	峠の上に男女の両根を祭り金精様というようになる

No.	年・月（大正）	題　名	季節	時	場	人間・神
99	4・2	太陽は世界を牽く		午後	片丘	人の子・裸身・嬌媚の双瞳・抱擁
6	4・3	快活なVILLA				神・銀声・涙
10	4・3	ある刹那にうたえる歌	春			
34	4・3	AB INTRA				翼ある天童
35	4・3	汚点		夜		正義
36	4・3	塵				飛行騎士・光れる天童
75	4・3	白日下の奇蹟			暗黒世界	はだか身・男・女
88	4・3	苑囿閑春		夜半	村	閑暇・追憶・麗人
19	4・4	怕しき夜の電光体		夜		神
21	4・4	死と愛と				愛
66	4・4	勝利				
83	4・4	翫賞				恋人・婉美・涙感・接吻・抱擁
95	4・4	火				心・愛
14	4・6	吐息せよ				吐息・こう手礼拝
54	4・6	血		真昼		
92	4・6	神学教授	春			大いなる顔上・神学教授
8	4・8	空気上層	春		空気上層	魂

注）『日夏耿之介全集・第1巻』（河出書房新社版）より作成。詩番号は『全集』による

〈資料２〉佐々木喜善『江刺郡昔話』の登場者と結末

No.	題　名	人　物	動物・異類
	【昔話】		
1	瓢箪の中から出た金七孫七と謂ふ二人の福神童の話	爺・馬喰・殿様	二人の童・観音様
2	石地蔵に恩をおくられたと謂ふ話	貧乏な夫婦・笠売りの翁	地蔵
3	或る兄弟の話	兄弟・それぞれの妻女	痩せ馬
4	ひょっとこの始まり	爺婆	白髭の翁・一人の童
5	灰蒔き爺の話	二人の爺	子犬・蜂・雁
6	年越しの晩には火を盛んに焚くものだと謂ふ話	貧乏な夫婦	醜い小人達・一人の老人
7	淵から上った福神童ウントクの話	爺・婆	美しい女・ウントク
8	瘤取り爺の話	爺・隣家の爺	鬼ども
9	猿等と二人の爺の話	爺婆・隣の爺婆	猿ども
10	座頭が身上に関係ったと謂ふ話	貧乏な家・嫁姑・長者	座頭
11	天上に昇って雷神の聟になろうとした息子の話	息子・母親・苗売りの爺	雷神・娘達
12	魑魅（谺）の起こりの話	旅の小僧・偸盗・女房	女房の首
13	悪鬼が芥子粒となって和尚に餅をつけて食はれた話	小僧・和尚	鬼・守札
14	鼠となった娘の話	花若・和尚・長者・娘	古蝦蟇の老婆
15	怠け者が朋輩のおかげで長者の聟となった話	二人の怠け者・要左衛門長者・娘	
16	黄粉を吹き飛ばせた爺の話	爺・婆・孫童	
17	亀頭が出来たと謂ふ話	淫な女・間男・夫	
18	同じ話	博打打ち・娘・家の者・女達	天狗
19	五郎が欠腕のお陰で出世したと謂ふ話	三人兄弟・父親・主人・下男達	老婆・馬
20	六部五人が皆金箱になったと謂ふ話	貧乏な百姓	五人の六部
	【口碑】		
21	火のお陰で長者となったと謂ふ家の話	嫁子・姑	老人
22	黄金の玉を掘り当てた若者の話	五三郎・五三郎の子孫	白髭の翁・鶏・牛
23	沼の主から黄金が出る石の小臼を貰ったと謂ふ話	二人の兄弟	美しい女・若い女
24	沼の主から黄金の駒を貰ったといふ男の話	孫四郎	美しい女二人
25	駒ヶ岳の駒形についての話		
26	秀衡が滝宮に往って名刀を貰って来た話	秀衡・多勢の子供・漁夫のせがれ	亀の子・主人・娘
27	金精長根の道祖神の話	大麻羅平左衛門・大閉々小町	

場所	結　末
人首町	村人は道祖神の祠を作って慣れな神を慰めようとした
玉里村	鉈の代わりに触れると雨の降る玉を老翁からもらう
玉里	沼の水を掻き出していたらそこの方から馬のような物が首を出したので止める
米里村	田村麿は雲鎮めをして鬼族を退治した
米里村	荒廃した寺から神を移したが夜、午の蹄を響かせて元の屋敷に戻る
玉里村	大森観音は山頂にいたが山火事の時に現在の所に飛んできた
田原村	観音が山火事の時に火がついたまま飛んできた
梁川村	御堂が焼けたとき二渡観音は巨木の空洞に隠れていた
黒石村	木に巻き付いた白竜は実は白旗であったので収めたら尊崇されて寺を開く
正法寺	禍根の原因である鼠を倒した後その足を使用して経机を作る
一関	亡霊と若侍の間にできた子供が名僧となる
正法寺	正法寺境内にある蛇体石は飛んでいった神のかたみ
正法寺	茶釜がいたずらをして困るので金網を作ったりして保管した
正法寺	寺が火事になったとき茶釜が燃えたくないといったがくくりつけられているので蓋だけ飛んでいった
米里村	ウソトキが呼ばれた感じがして外に出ると抗が落ちて千人が死んだ
福岡村	三番目の女神は旅をして早池峰の女神となる
梁川村	ロソウの意思を無視して木を伐採した家はそれからふるわなくなった
梁川村	ロソウ坊がついた杖が根付いて楓となる
岩屋堂町	娘が大切な水を弘法にさしあげると杖をついて湧き水を作ってくれた
米里村	晒さずとも食べられる蕨を弘法から授かる
五輪峠	弘法に餅を振る舞わなかったら餅がみな石になっていた
米里村	童と遊んでいたのをとがめた主人に災いがふりかかったが詫びを入れて許される
田原村	川に流されたオシラ神が老人の取りなしで元に戻った
藤里村	オシラ様があるので越年の晩にも魚肉さえ食べない
米里村	四五歳とも見える座敷ワラシがいる
米里村	座敷に壺を抱いた老人が現れため息をつくため借り手が付かず廃屋同然となる
米里村	家の奥の座敷に寝ると鷹の羽音がして寝られない
伊手村	正月の門松が根付いて生い茂った家がだんだん有徳になっていった
玉里村	背戸に植えた松が生長して家を取り囲むようになっている
伊手村	釜が歌い出したとき老婆がやめさせその家は良くなった
玉里村	小正月の晩に若者達が叫んでから家が繁盛し出す
玉里村	殿様が参詣すると首が転がり出す
玉里村	観音堂の境内に様々な物がある
岩谷堂	大木が倒れ元に戻ったことが城の滅びる予兆であった
記載無	狐が植えた苗が秋になって豊作となった
米里村	倹約を重ねて貧家から土蔵二棟の身上になった
記載無	死んでも生きたままのようだったが七日目に葬った
米里村	八百年も生きた女から若狭の国名が起こる
米里村	蜂に刺されてしょっぱいと泣いたが母に間違いを指摘される
五輪峠	力持ちの男がみんなから乾草を刈って貰ったという話
	狐に石を投げていたと思ったら切り株だった
沼田	油壷が割れたと思っておいていったら其れは狐による幻惑であった
人首町から	取られまいと思っていたが鼻先を掻いているうちに狐に魚を取られる
玉里村	小正月の晩に狐が鍬頭を引きずって田植踊の囃を行っていた
米里村	幻惑された川の前で狐を怒鳴り散らしていたら魚を一匹残らず盗られてしまった
豆峠	悪狐を捕らえて打ち据えていたと思ったら洋燈を尽く打ち砕いていた
姥峠	お湯につかっていたと思っていたら隣家の苗代だった
米里村	家の中を覗いていたと思ったら馬の臀であった
米里村	狐に川に落とされ行き先の家まで流されていく引き上げられる
人首	殿様行列の侍に切腹といわれて顔を上げると狐が逃げていった
大又	野宿した知り合いの女性が変だとわかって打ち倒したら猪だった
或る所	狐が化けた侍に斬り殺されたと思ってあたふたしていたら夢だった

No.	題　名	人　物	動物・異類
28	人首道祖神の話	大麻羅大造·里人	
29	淵の主から不思議な玉を貰った男の話	白山の別当·家人	白髭の老翁·美しい娘
30	鬼の投げた石	村人	馬のような物
31	物見山と大森山とが馬蛙一足だけの高低だと謂ふ話	田村麿	人首丸(鬼)
32	元の屋敷に飛び戻った神の話	村人	神像
33	山火事の時飛んだ観音像	田村将軍	大森観音
34	臀焼観音		臀焼観音
35	火事の時に避難した仏像		
36	飛んで来た黒石	真空·無尽·無底·無意	白竜
37	正法寺の怪鼠の話	住職	猫の絵·大きな鼠
38	正法寺のほやの扇の由来	亀井辰次郎(若侍)·扇屋勘兵衛·お鶴	
39	蛇体の女神		蛇体の女神
40	正法寺の文福茶釜	馬喰·小僧·和尚	茶釜
41	茶釜の蓋が飛んだと謂ふ話	稲子沢長者·寝手間取り·小旦那·小僧	茶釜
42	金の牛の口碑	正直者のウソトキ·金堀たち	
43	三人の女神が天から降って夫々居所を選んだと謂ふ話	姉妹三人の女神	
44	樹木を愛護した坊主の話	ロソウ坊·田屋の先代の老人	
45	杖の楓が根付いて大木になったと謂ふ話	ロソウ坊	
46	弘法の授けの井戸	娘	弘法
47	弘法が授けた甘蕨	家の人	弘法
48	草餅が石となったと謂ふ話	老婆	弘法
49	首を結び着けて井戸に投げ込まれなどする事を歓ぶ仏像	童たち·主人	オシラ様
50	流されオシラ	主人·老人	オシラ神
51	越年の晩も魚を食はぬと謂ふ家	菊池民蔵	オシラ神
52	座敷ワラシ	千葉幸次郎	座敷ワラシ
53	壺を抱いて現はれる老人	モゲンという家の主·某	
54	夜大鷹らしい物が出る家		鷹
55	松の木長者の話		
56	大松の家		
57	釜の歌を止めて長者となったと謂ふ話	老婆	釜
58	年中田作魚を下人に食はせて長者になったと謂ふ話	若者たち·倹約の主人	
59	首の転び落ちた観音像	殿様·多数の供	
60	片葉の葦片目の魚石の蛤		
61	大木が故無く倒れて復一夜のうちに元のやうに立ち直った事		
62	狐が田植えした苗が八尺の稲となったと謂ふ話	法輪坊	馬·狐
	【民話】		
63	貧家から物持ちとなった弥一爺と謂ふ人	弥一郎·新蔵	
64	福泉寺の住職某死んでから七日の間体温去らず…	住職·村人	
65	八百年生きたと謂ふ女の話	女	
66	蜂に刺されて塩っぽい塩っぽいと言って泣いた童	倉吉	
67	根で乾草十六駄苅ったと謂ふ話	百姓男	
68	狐に化かされただろうと思ったこと	朝倉さん	狐
69	油壺を取られた話	中沢の人	悪い狐
70	魚を取られた話	人	悪い狐
71	田植踊に化けて来た狐	館の平兵衛	狐
72	往来を川に見せた狐	笹田の長九郎·幸次郎	狐
73	荷物を尽く打砕いた洋燈売	洋燈売りの倅	悪い狐
74	恩を仇で返した悪い狐	米里の者·隣家の老爺	悪い狐
75	雌馬の臀を覗かせられた男	化かされぬことで自慢の男	悪い狐
76	橋から落ちた法輪坊	法輪坊	狐
77	魚を取られた鎌脚だんぽ	カマダンボ	
78	女に化けた狢	米里の者	狢
79	侍に斬り殺されたと思った男の話	小気の利いた男	狐

注)『佐々木喜善全集 1』より作成。

結末	『赤い鳥』掲載号
捕獲した餌を食べられてしまった鼬が負け惜しみを言う	大正7年7月
王子は無事、王女と帰還。二人はめでたく結婚。	大正7年7・8月
ぽっぽは鈴ちゃんの古くからの友達で全てを書いてある手帳を持っている	大正7年7月
父であるお日様からかわうそは海の中に落される	大正7年8月
命の水で若返ろうとした老王が失敗して死んでしまう	大正7年9・10号
狐がお菓子を助けるふりをして食べてしまう	大正7年10号
馬鹿七人が百姓を魔法使いと勘違いして逃げ出す	大正7年11月
若い王は魔法使いを倒し、王女と結婚する	大正11・12月
煉瓦の家を建てた子豚が狐を焼死させる	大正7年12月
カマスの命令を使ってゼメリイは王女を嫁に貰う	大正8年1月
お腹が破けて猫が呑み込んでいたものたちが逃げ出す	大正8年1月
武術試合に優勝し、予言通りに王女と結婚して王になる	大正8年2・3・4月
狐は熊をさんざん馬鹿にし、最後まで馬鹿にし続ける	大正8年2月
靴や帽子を樽の中に置いてきたが恐ろしいので裸で帰る	大正8年4月
一本足の兵隊人形は、ストーブに投げ込まれハート型になる	大正8年5月
お婆さん兎がつかまえた七面鳥たちに逃げられ怒られる	大正8年5月
小坊主が南の国に渡り、ダイヤモンドをもらって帰る	大正8年3月
男の子は髭なし爺さんとうそくらべしたが、パンを抱えて逃げ出す	大正8年6月
ヨセフが皆の生活を安定させることを約す	大正8年7・8・9月
末の王子が美しいお嫁さんと暮らす	大正8年2月
雁のくわえた棒をくわえて沼から亀は脱出しようとするが言葉を話して落下	大正8年6月
鳥が火を持って帰ることで人々は火が使用できるようになる	大正7年8月
亀は象をだまして鯨との力比べに勝ち、後、象に訳を話す	掲載なし
狸は子狐との化け較べをする中でだまされ殺される	掲載なし
大虎に化かしてもらった小鼠が爺さんを殺しに来るが鳥に食べられてしまう	掲載なし
水牛は褒美として河を王様から貰う	掲載なし
梟に黒い油をかけられ、烏は黒くなってしまった	大正8年1月
罠に掛かったお日様を助けたら真っ黒になってしまったのが烏	大正7年9月　題名「罠」
吹矢を学んだ娘が親の敵を討つ	大正7年8月　題名「敵討」
雪から出来た娘が焚火を飛び越す遊びをして消えてしまう	掲載なし
だまし取られた金を金持ちの人の助けを借りて取り戻す	大正8年10月
羊飼いがおかみさんをたたいて降参させる	大正8年9月
穴に落ちた動物たちが食べ合い、狐が残るが…	掲載なし
婆さんは最後に魔法使いであることがばれて牢に入れられる	掲載なし
王のラッパは風になり、がけの下に逃げた者達は今も恐れている	掲載なし
マイアは、南の国へ渡り、花の精の王妃となる	大正8年11・12月、9年2月
金絲鳥に姿を変えられた王女が元に戻り公子は彼女と結婚する	大正9年2・3・4・5月
死んだ息子が帰ってきたと恐れたが、開けてみると冬の北風が吹いていた	大正9年4・5・6月
独逸兵に捕まった二人は死刑にされ、釣った魚も食べられる	大正9年7月
爺さんが小人のまねをして湖でおぼれかかったりする	大正9年8月
跛の狐に助けられて末の子供が美しい女性を妻とし、ブドウの木も手に入れる	大正9年9月
十二世は最後、ノルウェーを攻撃中、砲弾を浴びて死ぬ	大正9年10月　題名「少年王」
蜂に刺されて王は死に、変わって家鴨が王となる	大正9年2月　題名「あひる」
雄略天皇が即位する	掲載なし
米屋と百姓が嘘比べをして百姓が大金を支払わせる	大正8年11月
善行を重ねる毎に爺さんにいいことが舞い降りてくる	大正8年10・11・12月　題名「禿のワリイ」
狼が婆さんの仕掛けておいた袋に入れられてしまう	掲載なし
爺さんが悪者を投げ入れてせいせいする	大正9年6月
「赤いか　青いか」と同じ	
毬の正体は魔法を駆けられていた女性だった	大正9年8月
二匹はそれぞれ自分の町を見て行き先であると勘違いしてしまう	掲載なし
デイオニシアスは二人の友情に感動して自分も仲間に入れてくれと頼む	大正9年11月
北極探検隊の話	大正9年12月

関心を持ち始めている

〈資料３〉鈴木三重吉童話の登場者と結末

題名	人物	動物・異類	原典
大鼬	土人	大鼬、鷲鳥、雁、鴨、かけす	北アメリカ民話
ぶくぶく長々火の目小僧	王子、王女、父王	ぶくぶく、長々、火の目	ロシア民話
ぽっぽのお手帳	すず子	ぽっぽ、黒、にゃあ	創作
かはうそ		かわうそ、空のお日さま	北アメリカ民話
魔法の魚	欲張り王様、おばあさん、料理番、王女	蟻、魚、小鳥	ロシア民話
狐とお菓子		鼠、牝鶏、狐	アイルランド
馬鹿	百姓、若者、婆さん	羊、狼、蠅	不明
またぽあ	若い王、印度の王女	魔法使いカシュヌール	ドイツ：創作
三匹の子豚		母さん、三匹の子豚	不明
ゼメリイの馬鹿	三人息子、王、王女、兄嫁	かます	ロシア民話
欲ばり猫	百姓、若者、婆さん	欲張り猫、山羊	ノルウェイ：創作
星の予言	百姓の子、王女、イタリア王、スペイン王		イタリア
悪い狐		熊、狐	ノルウェイ：創作
ひっひっひ		小熊、きつつき、野鼠、りす	イギリスetc.
一本足の兵隊	坊ちゃん、町の子、猟師、魚屋	一本足の兵隊人形、女性人形、鬼	デンマーク：創作
七面鳥の踊		兎、お婆さん兎、七面鳥	北アメリカ民話
どんぐり小坊主	百姓夫婦、小坊主、泥棒、王様		不明
大法螺	爺さん、男の子	髭なし爺さん	不明
大きな星	ヨセフ、兄弟		西洋の或作
お人形	王、十二人の王子	鼠、魚	ノルウェイ：創作
おしゃべり	猟師、村人	亀、雁	インド
鳥の手柄		鴎、大鳥	北アメリカ民話
綱びき		亀、鯨、象	インド
子狐		狸、狐	日本
子鼠	爺さん	鳥、小鼠、猫、犬、虎	インド
水牛と牡蠣と豚	王様	水牛、牡蠣、豚	アフリカ民話
鳥の着物		梟、鳥	北アメリカ民話
お日さまが罠にかかった話	婆さん、孫	白い鳥	北アメリカ民話
珊瑚	王という大金持ち、貧乏人とその子	髭の白い爺さん	中国
踊りの焚火	爺さん、婆さん、友達	雪	ロシア民話
泥棒	上人、店の主人、金持ち		インド民話
鳥の言葉獣の言葉	金持ち、羊飼い	蛇、牡鶏	不明
牝狐		豚、狼、牝狐、兎、栗鼠	ロシア
うさぎ	猟師、役人	魔法使い、その孫、犬	イギリス
らっぱ	王様	ゴツク人、マゴツク人	ロシア
魔以亜物語	女、マイア	小人の婆さん	デンマーク：創作
金絲鳥物語	公爵、男の子、爺さん、王女		フランス
猿の手	爺婆、息子、曹長		イギリス：創作
間諜	時計屋、小間物屋、大佐		フランス：創作
赤いか青いか	爺さん、婆さん、三人娘	小人	デンマーク
跛の狐	爺さん、三人の息子、美しい女性	跛の狐	セルビア
少年王	カール十一世、后、カール十二世		事実話
あひるの王さま	王様	家鴨、狐、梯子、大河、蜂	フランス童話
古事記物語			日本
慾の皮	米屋、百姓		インド民話
正直ぢいさん	爺さん、王女、王、王子	女神	インド民話
狼	婆さん、女の子	狼	フランスの童話
大当てちがひ	爺さん、悪者、羊飼い、家政婦	馬、山羊	不明
お爺さんと小人			
金の毬	女の子、美しい女	大獅子、小獅子、野猫	北アメリカ民話
二人の蛙		二匹の蛙	日本
デイモンとピシアス	デイオニシアス、デイモン、ピシアス		?
救護隊	ケイン		事実話

注）桑原三郎『鈴木三重吉の童話』より作成。『赤い鳥』創刊の大正7年7月より大正9年まで。この時期に森口も郷土への

〈資料4〉森口多里のヨーロッパ探訪による撮影写真

頁	地名	撮影場所	写真内容
1	アルル	記載なし	葡萄と裸男
2	オランジュ	凱旋門	捕虜と戦利品の武器
3	アルル	記載なし	キューピットと二頭立の二輪車
3	アルル	記載なし	石棺浮彫
3	アルル	記載なし	石棺浮彫
6	トゥルーズ	聖セルナン寺	使徒の立姿
6	モアッサク	聖ピエール寺	雌雄の獅子・預言者イサク
8	南仏サン・ジール	寺	聖ジャックと聖ヨハネ
10	南仏シャンペーニュという村	寺	裸男
10	南仏サン・ミレー	寺	渦文
11	ボルドー	聖クロア寺	人物や動物
12	アヴェロン	聖ラザール寺	華文の並列
13	アヴィニオン	カルヴェ美術館	グロテスク柱頭彫刻
13	クニュニー	僧院	天国
16	サン・ル・ドゥ・ノー村	寺	聖ルーの立像
17	サン・ル・ドゥ・ノー村	寺	聖ポーロ、サバの女王、預言者
29	アミアン	アミアン宗寺	優美な葉文や空想的動物
41	ランピョン村	寺	最後の審判
43	シャルトル	石造家屋	窓の葉文
43	プロバン	聖キリアース寺	葉文柱頭
56	シャルトル	一民家	葡萄唐草
61	パリ郊外ヴェトウイユ村	寺	創世記の二場面
63	南仏アルビ	聖セシール寺	タンパン透彫

『ゴチック彫刻』

『続ゴチック彫刻』			
頁	地名	撮影場所	写真内容
1	クリュニー	クリュニーの僧院	靴屋の親爺
4	南仏アルル	聖トロフィーム寺	ソロモン王
7	南仏ドローム県サン・レスチチュという村	ロマン寺院	葉の間から老人の首等
8	シチリアのシラクサ	聖ジョヴァンニ寺	葡萄と人間の首
9	サオーヌ・エ・ロアール県アンジー・ル・ヂュックという村	クニューニュー派僧院付属寺主廊	説話柱頭彫刻
10	北伊ボローニャ	バシリカ・サン・ステファノ	空想的グロテスク
11	ヨンヌ県ヴェズレー	聖マリ・マドレーヌ県	キリスト受難後の物語
12	サオーヌ・エ・ロアール県オータン町	カテドラル・サン・ラザール	悪魔の首・桑の葉と実の文様
13	スミュール・アン・ブリエンネーという僻村	寺院	四福音書作者の象徴と二人の天使
14	ロアール県シャルリー町	クリュニーの僧院	キリストと二人の天使
15	ヴィエンヌ県ポアチエ市	ノートル・ダーム・グランド寺	葉文と怪畸文
16	アルル	聖トロフィーム寺	使徒の立像、最後の審判
17	サン・ジール寺	僧院附属寺院	カインとアベル、獅子
18	ロ・エ・ガロンヌ県アジャン市	カテドラル・サン・カプレー	民藝味に富んだ彫刻
22	オーブ県サン・ル・ドゥ・ノー村	僧院附属寺院	聖ペテロ・ソロモン・シレーヌ
30	セーヌ県マント市	ノートル・ダーム	キリスト復活、復活祭の子羊
32	パリ	ノートル・ダム・ドゥ・パリ	聖エチエンヌの殉教伝
34	コート・ドール県スミュール	寺院	トーマス殉教(推定)
34	シャルトル	聖ピエール寺	円華文と人間の首
44	サン・ペール・スヴェズレー村	ゴチック寺院	二人の天使・聖エチエンヌ
55	セーヌ・エ・マルヌ県センピヨン村	寺	一二ヶ月行事
63	カヴィヨン(アヴィヨン近郊)	カルヴェ美術館	使徒
65	シャルリー	クロアートル	グロテスク動物

注『ゴチック彫刻』『続ゴチック彫刻』より作成。説明文中「森口写」とあるものを一覧表化したもの。

〈資料5〉 森口多里『黄金の馬』の登場者と結末

No.	題名	人物	動物・異類	結末
1	黄金の馬	太郎作、村の人達	女の神、黄金の馬、姉女神	馬にむりやり十粒豆を食べさせたら山に逃げてしまう
	【農民童話十種】			
2	子犬を拾ふて幸せになった爺さんの話	カミの爺さん・婆さん、シモの爺さん・婆さん	子犬(太郎)	婆さんが爺さんを撃ち殺す
3	瓜子姫の話	瓜子姫、爺さん、婆さん	アマノジャク	瓜子姫を殺したことがばれて逃げる
4	小僧を食った怪物の話	和尚夫婦、小僧	化け物	殺した化け物が瓢箪として堤に浮かんでいる
5	豆になって喰はれた鬼婆の話	和尚、小僧	鬼・守札	豆に変身した鬼が和尚に喰われる
6	山婆が娘を救ふた話	継母、先妻の娘、継母の娘	山婆	山婆の嫁となった姉嫁を追った継母と娘が転落死
7	盗人の修行をしてきた息子の話	太郎、次郎、三郎、父	お雛様	三郎が父親にほめられる
8	カチカチ山の発端	爺さん、婆さん	狸、うさぎ	婆さん汁を狸に喰わされて嘆いている所に兎がやってくる
9	猿蟹合戦の大団円	蟹、猿、摺臼、など		ドンズルスに猿が押しつぱされる
10	小僧がヘクサ穂で和尚を敗かした話	小僧、和尚		小僧が言うとおりだと和尚が言い負かされる
11	馬鹿息子の話	ブシ、父、母、和尚	鶏、犬、鴉	酒がブシブシと音を立て沸いているのに怒ってたたき割る
	【農民が産める童話】			
12	爺婆放屁して粉を飛ばした話	爺、婆、太郎		作った粉が放屁によって吹き飛んでしまう
13	馬鹿婿の話の一	馬鹿婿、親類、舅		団子をヨイトコと覚えたしまったが殴られて思い出す
14	馬鹿婿の話の二	馬鹿婿		風呂が熱かったのでお香をもってこいと叫んでしまう
15	和尚と小僧との話の一	和尚、小僧		小僧の知恵で和尚の隠し持つ寿司漬を食べてしまう
16	和尚と小僧との話の二	和尚、小僧		和尚が隠れて食べていた餅を小僧達が食べることに成功する
17	和尚と小僧との話の三	和尚、小僧		和尚が隠れて食べていた餅を小僧達が食べることに成功する
18	放屁した小僧の話の一	旦那、小僧		放屁をして叱られた小僧が旦那を言い負かす
19	放屁した小僧の話の二	家内一同、小僧		放屁をして嫌がらせを言われた小僧が言い返す
20	死人を持ち廻った話	旦那、主婦、間男、百姓、女房		死人を持った百姓が自殺に見せかけることに成功する
21	婆が狸を欺した話	婆、爺	狸	爺に化けた狸を婆がいぶし殺してしまう
22	若者が狐を欺した話	若者十人	狐	阿弥陀様に化けた狐を殺して作った狐汁を独り占めにする
23	「もとの平六」の話	平六、お上		きれいな褌では天気が当たらなくなり貧乏に戻る
24	爺さんが鼠穴に入った話	爺さん、隣の爺さん	地蔵様、鬼	鶏の鳴き真似をしてる最中に笑ってしまい鬼にいじめられる
25	爺が地蔵尊と崇められた話	爺さん、婆さん、隣の爺さん、婆さん	猿ども	地蔵になりすましているときに笑ってしまい、川に流される
26	娘の尻が鳴り出した話	孝行息子、娘、お供、長者	神様	誰も治せない娘の尻鳴りを治して金持ちとなる
27	娘が猿のお嫁になった話	父、娘三人	猿	嫁となった末娘が猿を木に登らせ落ちて死なせる
28	娘が田螺の嫁になった話	父、娘三人	ツブ	ツブは若衆となり、立派な家へと娘を連れて行く
29	お月とお星の話	お月、お星、後妻、父		盲目となった父が娘達と巡り会い幸せに暮らす

注) 大正15年刊『黄金の馬』より作成。原著には番号はふられていないが便宜上掲載順につけている。

あとがき

森口多里との出会いは本当に偶然のものだった。十数年前、当時、勤務していた『体験博物館　千葉県立房総のむら』の図書室で年中行事について調べていたところ、山口昌男氏の文章にぶつかった。そこで、山口氏は森口のことを「郷土研究家というのは、地域を強調するあまり、少ないデータで語ったり客観性を失ったりすることがよくあります。しかし、この場合の森口の指摘は、いい意味で地域民俗を捉えているといえます」(「上鹿妻風流大念仏」『仏教行事歳時記八月』)と語っていたのである。地域に根ざしつつ、巨視的なまなざしから分析できる人がいるとの印象を受けたのを覚えている。ところが、その数日後、大正時代の『東方時論』をひっくり返していたら森口の社会批評めいた文章に出くわしたのである。民俗学を学びつつ、目の前にある社会に対する批評も行っている。この二つの仕事をクロス・オーバーさせたら、なにか新しいことが分るかも知れない。そのような思いがふつふつとこみ上げてきたのである。

実は『房総のむら』に勤めていて一つの疑問がわだかまりのようにしてあり続けていた。『房総のむら』は、近世の町並みや農家を復元して、可能な限り〝昔のくらし〟を実感してもらうとの趣旨から作られている。ところが、見学者たちの多くからこぼれる感想は「なつかしい」という言葉につきたのである。電化される前に行っていた自分たちの生活と重ね合わせてノスタルジックな気持ちに包まれる場所としての房総のむら。それはそれでいいことに違いない。しかし、それは民俗博物館である房総のむらが過去へと寄り添うものに他ならなかった。高齢の方には若い頃の懐かしさ、子供達には昔は大変だったと思わせる、それだけでよいのかとの思いがまとまわりついて離れなかったのである。もし、そうならば房総のむらの存在意義は早晩失われてしまうことになるだろう。そもそも、民俗学とはなんのために存在しているのか。そういう古めかしい問いが胸の中にわき起こってきてもいたのである。

そうしたときに森口に出会ったのであった。社会に向き合う民俗学者を森口には期待をしていた。しかし、やはり思いつきというのはめったにはものにならない、というのは本当だった。森口が社会批評をしたのは自分が調べた限りでは『東方時論』論文一本だったのである。おまけに、戦前の民俗学に関する著作は極めて少なかった。著作になったほとんどは美術に関するものだった。普通だったら、その時点で撤退すべきであろう。しかし、なぜかできなかった。森口が創作、建築、美術といった様々な領域にまっすぐな気持ちで取り組んでいるように思えたからかも知れない。その果てに何を見出したのかを見届けずにはいられなかったのである。

おもえば自分自身の勉強もいろいろなところをふらふらし続けている。研究対象は一九二〇年代の社会と思い定めながらも二〇年代をどのようにしたらつかまえられるかについては考えあぐねる日々が続いている。森口が、美術批評や建築批評をおこないつつ美とはなにかを考えている姿が自分自身と少しだけだぶったりした。そして、そのなかで見えてきたのは社会が変わるというのはやはり「暮らし」が変わるということではないかということだった。森口に寄り添うことで少し自分の立ち位置も見えてきたような気がするのである。

そうした森口のもっともおもしろいところは、その快活さである。近代日本の知識人というと青白い顔をして眉をしかめているというイメージが強いが、そうした姿とは対照的なところにいる人であった。だからこそ、労働者の快活な笑いをまっとうに評価できたのではないだろうか。食べるのも好きな人であったそうである。郡司氏からも調査に行ったときには現地の人たちと語らいながら実においしそうに食べたとのお話を伺った。苦しい生活の中でも快活に生きていた人々のまなざしから近代日本史を見直したらまた別の近代史の姿が浮かび上がってくるかも知れない。

最後に、本書を刊行するにあたって、お世話になった方々に御礼申し上げたいと思います。森口多里に関する資料を見せてくださった岩手県立博物館の中田功一氏（当時）。突然おじゃましたにも拘らず森口多里に関する話をして下さった郡司直衛氏。板垣鷹穂シンポジウム報告書を送ってくださった筑波大学教授五十殿利治氏。少し考えがまとまると話を聞いてくださった千城台高校美術担当勝田徳朗氏（当時）。このようなところには書くべきではないかもしれないが民俗学に関する知識の乏しい筆者に助言をし、資料を見つけてくれた妻笑子。ねばり強く原稿を待ってくださった同成社山脇洋亮氏。そして、この叢書の一冊に推挙してくださった恩師である大濱徹也先生。その他、多くの方々に感謝申し上げます。

二〇〇六年八月三一日

秋山真一

近代《きんだい》知識人《ちしきじん》の西洋《せいよう》と日本《にほん》
——森口多里の世界—

著者略歴

秋山真一（あきやま・しんいち）

1963年　千葉県生まれ
1988年　日本大学大学院文学研究科史学専攻博士前期課程修了
現　在　千葉県立千城台高校教諭
主要論文
「柳田国男の1920年論」（『史叢』57号）
「骨化せざるための模索—1920年代の三宅雪嶺—」（『国民国家の構図』雄山閣）

2007年3月18日　発行

著　者　秋　山　真　一
発行者　山　脇　洋　亮
組　版　㈱富士デザイン
印　刷　モリモト印刷㈱

発行所　東京都千代田区飯田橋
4-4-8　東京中央ビル内　㈱同成社
TEL　03-3239-1467　振替　00140-0-20618

ISBN978-4-88621-385-3 C3321